Das Weidenbaubuch

Das Weider

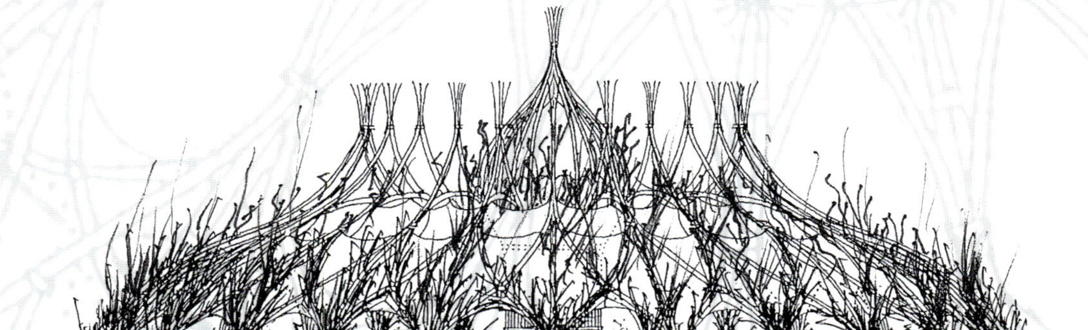

Marcel Kalberer Micky Remann

baubuch

Die Kunst, lebende Bauwerke zu gestalten

AT Verlag

Impressum

3. Auflage, 2002

AT Verlag, Aarau, Schweiz
Satz: AT Verlag, Aarau
Lithos: AZ Grafische Betriebe AG, Aarau
Druck und Bindearbeiten: Kösel, Kempten
Printed in Germany

ISBN 3-85502-649-1

Inhalt

6 Ufos zum Selberpflanzen
14 Free & wild
16 Irrgärten
18 Labyrinthe
20 Großkörbe
22 Laubhütten
26 Kriechgänge und Tunnels
30 Wandelnde Zäune
32 Wachsende Wohnhäuser
34 Widehüsli
36 Schwitzhütte und Dampfsauna
38 Weidenturm
40 Fisch und Reuse
42 Wie baue ich mit Weiden?
50 Willkommen im Weidenzeitalter
52 Das Mudhif-Motiv
54 Improvisationen
56 Klettermonster
58 Weidenburg
60 Spielkuppeln
62 Blaudom
64 Zwiebeln
70 Grüne Klassenzimmer
72 Casa Noah
74 Vom Wolkenkratzer zum Rutenkratzer
76 Weltenlaube
78 Tor!
81 Baumkunstbäume
82 Kunstbaumspinne
84 Arkaden
86 Wandelgänge
88 Türme
92 Grenzbrücke
94 Grünbögen
96 Bühnen
98 Werkhalle
99 Weidencafé
100 Dorflaube
102 Stadtlaube
104 Micky House
106 Auerworldpalast
120 Eine kleine Chronik lebender Baumwerke
124 Traumbaum und Baumboom

127 Achtung: Weidenaktiv! (Adressen)
128 Literatur
128 Bildnachweis

Ufos zum

Auerstedt, Kreis Weimarer Land, Ostersonntag, eine feuchte Au am Ortsrand, gleich neben dem Sportplatz des FC Auerstedt, der sich ruhmreich durch die zweite Kreisliga schlägt.
Warum, um alles in der Welt, kommt angesichts des festlich eröffneten «Auerworldpalasts aus Weidenruten», einem Lebendbau von imposanter Verwunschenheit, niemand auf den nahe liegenden Gedanken, das Ganze mit ein paar snobistischen Floskeln abzukanzeln, etwa: «Grün-Freaks basteln Gartenlaube in ostdeutscher Provinz im Birkenstock-Look»? Warum erhebt sich weit und breit nirgends die Stimme der architektonischen Vernunft, im Sinne von: «Naja, sie mögen ihren Spaß haben, aber für die wirklichen Aufgaben modernen Bauens ist dies kein geeignetes Modell»? Warum meldet sich statt dessen das zahlreich erschienene Volk mit Äußerungen wie: «Das sieht ja aus wie'n Ufo!» – «Eine Tarantel.» – «Nein, wie'n Ufo.» – «Eine Kathedrale, irgendwas zwischen Kraal und Kreml.» – «Ja, sag ich doch, es hat was Ufoartiges.» – «Wie das Gerippe eines Tintenfischs.» – «Ein Tintenfisch hat kein Gerippe.» – «Guck mal, findest du nicht auch, dass das wie'n Ufo aussieht?» – «Ein botanisches Mandala.» – «Eine Kuchenform für Riesen!» – «Genau, als ob ein Ufo gelandet wäre.»
Wie ist die eiffelturmartige Erregung angesichts eines von unbezahlten Freiwilligen innerhalb von vier Wochen gebauten, dorfgrünen Weltnaturpalasts zu erklären, dessen Herstellungskosten im Bereich eines Mittelklassewagens liegen, dessen Höhe nur ein Sechsundfünfzigstel des in Melbourne geplanten höchsten Hochhauses der Welt beträgt und dessen Kreisumfang grob einem Vierhunderttausendstel des Äquators entspricht?
Der Auerworldpalast gehört zu einer Klasse von Gebilden, Gewächsen oder Gebäuden von archaischer Herkunft und brillanter Zukunft; sie werden in Kindergärten, auf Dorfplätzen und an städtischen Veranstaltungsorten ausgesät und ausgestaltet und schieben sich langsam, aber sicher in die Wahrnehmungszonen einer durchaus davon angetanen Öffentlichkeit.
Den wurzelnden, wachsenden und sprießenden Kunst-Bauwerken und Baumwerken liegt ein empörend einfaches Prinzip zugrunde, zugleich zeigen sie Konturen von komplexer Unschärfe. Die Grünkonstruktionen erscheinen in labyrinthischer Formenvielfalt und Formenwildheit, Fantasie fördernd und Fantasie erfordernd, Sinnbilder für ökologischen Charme mit erlesener Struppigkeit im Detail, eine Symbiose aus Architektur, Biologie und einer dazwischen pendelnden Kreativität, für deren Äußerung ein weiterer Naturfaktor, nämlich der Mensch, positiv unverzichtbar scheint, was ihm ja auch mal ganz gut tut. Da Weidenbauten lebende Wesen sind, haben sie keine Ornamente, sondern Profil, sie haben keine Fassaden, sondern Charakter, ihr Gesichtsausdruck spiegelt Lebensweisheiten wider, die im saisonalen Wandel von Sonne, Nebel, Schnee und Wind zwischen den Blättern und Bögen meditativ zum Himmel blinzeln.
Das kann beim Besucher durchaus ein Gefühl von hymnischer Ergriffenheit hervorrufen, ein stilles, gotisches Glänzen, Sakralität «à la nature», doch entsteht dabei keine Distanz, denn das Heiligtum gestattet es, dass man lustvoll Hand an es legt, nicht nur, weil seine Statik robust genug ist, um ein gelegentliches Rütteln zu verkraften, sondern auch, weil sein Wesen auf hedonistisch-konstruktive Energiezufuhr genauso angewiesen ist wie seine Wurzeln auf wässrigen Boden und seine Blätter auf die Photosynthese.
Und was hat das alles mit dem Ufo zu tun? Das Ufo steht für alles, was uneinordenbar und unkalkulierbar ist und sich trotzdem irgendwie ausbreitet nach eigenen, rätselhaften, poetisch-freibeuterischen Wachstumsprinzipien; auf das Ufo ist überall da Verlass, wo man sonst nichts Verlässliches zu sagen weiß. Niemand kann sich auf das Ufo einen Reim machen, aber jeder kann ihn aufsagen. Und jeder ist eingeladen mitzudichten. Das Gedicht vom Ufo wuchert im kollektiven Unbewussten so kostengünstig und vital wie die Wurzeln der Weidenbäume im irdischen Untergrund. Und jeder ist eingeladen mitzupflanzen.
Kurzum: Beim Thema Ufo wie beim Thema Weidenrutenbau darf sich einen Profi nennen, wer es versteht, kompetent zu dilettieren. Deshalb gehören zu den Naturpalastdesignern mutig fabulierende Architekten und kosmische Kleingärtner, futuristische Brauchtumspfleger und Planetverschönerer mit Sinn für Humor, Glück und Gesundheit, also Welt-, Wald- und Wiesenbürger wie du und ich.
Wahrscheinlich die wenigsten, die das aus gebundenen Weidenruten ebenso erbaute wie erpflanzte Objekt mit einem Ufo vergleichen, haben jemals eins gesehen. Doch soll uns der auffallend häufige Vergleich ermuntern, uns auf seine Spur zu begeben, um zu sehen, wohin sie uns führt. Zum Beispiel an die südamerikanische Pazifikküste im Jahre 1834.
Als Charles Darwin damals mit der «Beaver» vor der Küste Patagoniens kreuzte, lebte dort ein Stamm von Indianern, die vom Kontakt mit Weißen bislang verschont geblieben waren. Sie schafften es, Darwins Segelschiff anfangs nicht zu sehen. Sie schauten zwar gelegentlich aufs Meer hinaus, aber die dort segelnde «Beaver» tilgten sie aus ihrer Wahrnehmung, indem sie die entsprechende Stelle im Blickfeld mit einem meerblauen blinden Fleck übertünchten,

wodurch der Anblick des fremden Schiffes, noch ehe die Indianer es gesehen hatten, zum Verschwinden gebracht wurde, und selbstverständlich, ohne dass sie sich dessen bewusst geworden wären. Hinlänglich bekannte Schwimmobjekte wie die eigenen kleinen Kanus in Küstennähe waren für sie deutlich zu erkennen, aber das unbekannte Segelobjekt am Horizont wurde offenen Auges ungesichtet verschluckt.

Trotzdem hatte die Welt des Charles Darwin und der Besatzung der «Beaver» nie zu existieren aufgehört. Solche Tilgungen sind keine Besonderheit patagonischer Indianer, sie treten regelmäßig da auf, wo sich Dinge in unsere Wahrnehmung drängen, die in unserem Weltbild nicht vorkommen. Wenn wir zutiefst davon überzeugt sind, dass es gewisse Phänomene nicht gibt, stellen wir die Treue zu dieser Überzeugung unter Beweis, indem wir das Phänomen mental weghypnotisieren. Was im Modell von der Welt keinen Platz hat, soll damit auch in der Welt keinen Patz finden. Schon die Ahnung der Möglichkeit, dass es ein das Weltbild kompromittierendes Etwas geben könnte, setzt den Prozess der automatischen Ausblendung in Gang. Manchmal bleibt aber dennoch ein vages Störgefühl zurück, ein kognitives Unwohlsein, das unter der Bewusstseinsoberfläche knirscht. Der «Mainstream» der Gesellschaft bemüht sich, das Etwas mit dem Stempel «Halluzination» abzutun und ansonsten zur Tagesordnung überzugehen, auch wenn das enormer ideologischer Anstrengungen bedarf, während eine kleinere Gruppe im Umkehrverfahren mit religiöser Heilserwartung reagiert.

Nichts davon bringt das angeblich nicht Vorhandene auf Dauer zum Verschwinden. Nach einer Phase chaotischer Uneinigkeit schlägt die Sache schließlich um: Irgendwann erlahmt die Kraft der Tilgung, durch beharrliches Hinschauen erhält das Phänomen die Gnade einer akzeptablen Gestalt. Der ehemalige Eindringling ins Weltbild wird Teilnehmer eines neuen, erweiterten Weltmodells, aus dem Streit um seine Existenz wird ein alter Hut, aus der Halluzination ein Gegenstand, aus dem Ufo ein Palast. Fazit: Die Indianer Patagoniens lernten, die Schiffe nicht nur zu sehen, sondern selbst mit ihnen zu segeln, außerdem surfen ihre Nachkommen jetzt auch im Internet und können sich dort, wenn sie wollen, über die Dialektik von Tilgung und Erkenntnis am Beispiel Marcel Kalbererscher Naturbauten informieren.

Denn wer heutzutage mit ungeschulten Augen in die Nähe eines der mittlerweile rund 10 000 gepflanzten Weidenbauten gerät, dem kann es durchaus wie den patagonischen Indianern ergehen, dass heißt, er merkt nichts, weil er vor lauter Bäumen das Ufo nicht sieht, zumindest solange die Festbeleuchtung ausgeschaltet ist. Die naturtrübe Tarnung der Paläste verleitet eine Vielzahl von Gegenwarts-Patagoniern dazu, das Ganze für eine Hecke oder für eine krumme Baumgruppe zu halten, und sie fahren daran vorbei, ohne vom Autoradio oder ihrem Navigationssystem daran gehindert zu werden. Andere jedoch riechen den Braten beziehungsweise eine geheimnisvolle Aura, die den hausfreien Behausungen entströmt, sie nehmen seltsame Lichter wahr, die zwischen Nachthimmel und Unterholz schimmern, und wenn sie sich dem Phänomen dann nähern, bleiben sie mit heruntergesackter Kinnlade stehen und schauen wie geblendet auf einen tief dekolletierten Taj Mahal aus Weidenruten, und daneben qualmt ein Stand mit original Thüringer Rostbratwürsten, von Prinzessinnen und Prinzen umschwebt, halb träumend, halb tanzend, besonders bei Vollmond. Romantische Eskapaden! Unter dem Aspekt des Weltbild-Engineering gibt es schließlich triftige Gründe, die gegen die Verbreitung der Naturbauten und für ihre fortgesetzte Tilgung aus unserem vorherrschenden Wahrnehmungshorizont sprechen:

1. Naturbauten sind viel zu billig. Die Herstellungskosten sind im Vergleich zu jeder normalen Bauinvestition so lächerlich gering, dass sie sich schon allein deshalb aus dem Arsenal baupolitischer Seriosität verabschieden müssen. Wo kämen wir hin, wenn hoch bezahlte Finanzierungsstäbe, Investitionskonsortien und Bauherrenschaften überflüssig werden, weil Paläste für den Preis von ein oder zwei geknackten Sparschweinen zu haben sind?

2. Naturbauten sind viel zu leicht zu errichten. Wo kämen wir hin, wenn hoch qualifizierte Statik- und Architekturexperten genau so viel oder wenig zum Thema Naturbau wüssten wie selbstqualifizierte Laien?

3. Naturbauten sind viel zu unberechenbar. Sie verhalten sich selten so, wie auf dem Reißbrett berechnet, ihre ziselierte Takelage aus Blättern und austreibenden Ästen ist der Albtraum aller Lineal- und Wasserwaagen-Fetischisten. An die Probleme, einen Weidenbau für den Denkmalschutz zu konservieren und entsprechende Verwaltungsvorschriften auszuarbeiten, möchten wir lieber erst gar nicht anfangen zu denken.

4. Naturbauten sind viel zu praktisch. Sie sind 100% biologisch abbaubar und haben bei einer durchschnittlichen Lebenszeit von hundert Jahren keinerlei Verschleißteile, die nicht zugleich Humus für ihre permanente Eigensanierung wären.

5. Naturbauten sind viel zu schön und machen viel zu viel Spaß. Damit ist nun im modernen Architektur- und Ökobilanzdiskurs wirklich kein Blumentopf zu gewinnen. Dass so unbedarfte Kategorien wie Schönheit und Spaß – zu deutsch: fraktal-ästhetisches Natural-Entertainment – sowohl während der Bauphase als auch bei Nutzung und Pflege eines Hauses dessen Wert und Lebenswert beinahe ins Unermessliche steigern, ist den Lehrmeinungsbildnern bislang weitgehend entgangen.

Nun die gute Nachricht: Für ein Dementi ist es zu spät. «The Ufos are here to stay», die Paläste sind fest verwurzelt in der Erden, und ihre Bögen vermehren sich von Wachstumsphase zu Wachstumsphase mit Internet-artiger Geschwindigkeit. Die Lust am gestalterischen Pflanzen und am pflanzlichen Bauen bahnt sich ihren Weg wie eine Elementarkraft und ist genauso unaufhaltsam. Noch ein Indiz widerspricht der Vermutung, beim Weidenbauboom handle es sich um ein zu vernachläßigendes Nischenphänomen. Avancierte Technologie-Philosophen wie Kevin Kelly, Herausgeber des Internet-Magazins «Wired», erkennen in der gegenwärtigen Entwicklung ein Zusammenwachsen von «Biotopen» und «Technotopen». «Je komplizierter die

Maschinen werden, die wir bauen, desto mehr nähert sich ihre Komplexität der von lebenden Organismen und Systemen», sagt Kelly. Die Netzwerke einer weiser gewordenen digitalen Welt bewegen sich rasant dahin, wo die Rhizome und Wurzelwerke der organischen Welt schon längst sind. Einen Computer «Apple» zu nennen war nur der erste Schritt; im Apfel beziehungsweise in der globalen Apfelheit einen vernetzten Biocomputer zu erkennen ist der zweite, jetzt vorzunehmende Schritt.

Damit verliert auch das alte Schwarz-Weiß-Schema, Natur gleich gut und grün, Technik gleich böse und feindlich, zunehmend an Relevanz. Die Satellitenschüssel neben dem Iglu und das Handy am Bastrock wirken nur vorübergehend grotesk, denn schon jetzt ist absehbar, dass sich die Satellitenschüssel- und Handy-Technologie nach organischen Vorbildern reorganisieren und mit den Iglus und Baströcken dieser Welt kompatible Verbindungen eingehen wird. So wird es auch in den Weidenbauten neben Bio-Würmern, Käfern und Vögeln bald natürliche Nistplätze für Sonnenkollektoren, Sensoren und Mikrochips geben, und aus dieser Symbiose werden sich phosphoreszierende Äste und kommunizierende Blätter entwickeln sowie Sende- und Empfangswurzeln für in alle Welt übertragene digitale Wurzelmusik.

Die Architekturvisionen von Paul Scheerbart und Bruno Taut vom Anfang des 20. Jahrhunderts, mit ihren schwärmerischen Hybriden aus kristallinen, organischen und technoiden Strukturen, immer noch fälschlicherweise Utopien genannt, erhalten eine ermutigende Aktualität.

Man muss bei der Suche nach dem Ufo eben nur wissen, wo man hinzuschauen hat. Wir können uns getrost von der Vorstellung verabschieden, dass das Ufo etwas Fremdartiges zu sein habe. Vielleicht war das schockierende Alien-Image in den fünfziger Jahren aus Regiegründen eine Weile unvermeidlich, aber damit ist jetzt Schluss. Heutzutage tritt uns das Ufo nicht mehr fremdartig, sondern eigenartig entgegen, im Sinne einer Entwicklung von der Fremd-Art zur Eigen-Art.

Die Fähigkeit der Erde, mit eigenen Mitteln Kunst-Zeichen zu setzen, bei denen das Innerirdische und das Außerirdische nicht länger getrennt sind, entspricht der Fähigkeit des Menschen, Weidenbauten zu pflanzen, die von einem Ufo nicht mehr zu unterscheiden sind. Die Erde, das extraterrestrische Gesamtwesen, wird schon wissen, womit sie sich schmückt, wen oder was sie an ihre Haut und unter die Haut lässt und mit welchen Enzymen sie ihre Evolution vorantreibt, einschließlich solcher Hilfsmittel wie Baum und Bit, Mensch

und Maschine. Und wer weiß schon, ob das irdische Leben wirklich auf der Erde entstanden ist und wo es sonst noch hinwill? Eine ernst zu nehmende These besagt, dass Kometen von Outer Space die allerersten Lebenskeime zur Erde gebracht hätten, eine andere, dass es Pilzsporen waren, die mit ihren Erbinformationen in jahrmillionenlanger Geduld erst galaktische Entfernungen überwinden mussten, ehe sie sich auf einem Planeten wie dem unsrigen niederlassen konnten. Nach und nach schufen sie eine dem Leben und der Verbreitung des Lebens zuträgliche Atmosphäre und Biosphäre, unlängst sogar ergänzt durch eine neue Haut mit ungewissen Eigenschaften, die Technosphäre.
Wie immer die Geschichte ausgehen wird, die Ufos zum Selberpflanzen stellen eine Ermutigung dar, mit der Natur, also mit der Unvorhersehbarkeit der Lebensströme partnerschaftliche Beziehungen einzugehen. Wir brauchen vor der Natur nicht in selbst verschuldeter Winzigkeit zu kuschen oder sie größenwahnsinnig zu unterjochen. Seit uns die Raumfahrt die planetarische Sicht auf die ganze Erde eröffnet hat, schimmert eine Alternative durch, die unserer Stellung im Kosmos würdiger ist: Nennen wir sie der Einfachheit halber die coiffeuristische Naturbeziehung. Lange genug hat man versucht, die Welt zu interpretieren beziehungsweise sie zu verändern, es kommt aber darauf an, sie zu frisieren! Heute so, morgen so.
Betrachtet man die Satellitenbilder beim Wetterbericht, erkennt man die Bewegungen von Gaias Frisur im mikro- wie im makrokosmischen Maßstab. Regengüsse schamponieren ihre Haarpracht, während andere Breitengrade unter die Trockenhaube kommen. Felder wollen regelmäßig mit Gemüsefarben eingefärbt werden, die Kammlagen der Mittelgebirge wollen chic gescheitelt und geföhnt werden, und das Ganze geschieht natürlich hochgradig interaktiv, denn wir sind die Friseurgehilfen in Gaias Beautysalon und mitverantwortlich für ihr

interplanetarisches Styling. So dürfen auch die Naturbauten aus Weiden nicht nur modern, sondern auch modisch gepflegt werden in puncto Licht und Form. Im Frühjahr wird das Dach toupiert, im Sommer werden aparte Locken gedreht, im Herbst Zöpfe geflochten und im Winter die Eissträhnen gefärbt.
Im nächsten Jahr lässt man dann einen schulterlangen Wuschelkopf wachsen. Vielleicht, vielleicht auch nicht. Denn bei dieser Baukunst kann jeder mit seinem Façonschnitt selig werden. Das Frisieren von Weidenbauten wird zum Vorbild für kreative Landschaftspflege, und ein Architekturstudium ohne Praktikum im Friseurladen ist praktisch undenkbar. Von daher wundert es nicht, dass es inzwischen immer mehr Menschen gibt, die angesichts der ziselierten Silhouetten in Auerstedt und anderswo rechtzeitig blinken, auf die Bremse treten, aussteigen, die Infotafel studieren und ein Foto vom Weidenrutenpalast machen. Ein Bio-Ufo, das fürs Familienalbum still hält, kriegt man schließlich nicht alle Tage vor die Linse. Aber Vorsicht! Gestern sah das Ufo anders aus als heute, morgen und übermorgen, und manche, die es fotografieren, wissen noch nicht einmal, dass es sich um ein solches handelt – was aber nicht weiter schlimm ist, denn es gibt eben auch Tage, an denen es nicht wie ein erwartungsgemäßes Ufo aussieht. Aber die amorphe Erscheinung spricht nicht gegen das Konzept. Als Maskenbildner des Unbekannten verhält sich ein Ufo niemals erwartungsgemäß, sondern immer so erwartungsungemäß wie möglich. Wäre es anders, wäre es kein Ufo, sondern eben doch eine dieser Landschaftswarzen namens Tankstelle oder Gewerbepark oder eine Landdisko, die mit ihren Skybeamern in der Nacht nach Kundschaft fischt.
Echte Ufos jedoch fallen nicht auf der Erde ein, sie sind ein Einfall der Erde. Sie landen, wenn sie wollen, nicht nur von oben nach unten, sondern auch von unten nach oben. Sie sprießen aus der Erde hervor, sind mit ihr organisch vernetzt, um sich dann energisch dem Himmel entgegenzustrecken, den man gleichwohl für ihre Heimat halten kann, denn natürlich wachsen Bäume und Ufos in den Himmel, wohin denn sonst? Aber sie sind fest verwurzelt in diesem einfallsreichen Planeten, der sich im Verbund der kosmischen Brüder und Schwestern um die Sonne dreht, ein freihändig rotierender, abwechslungsreich illuminierter, stets auf gute Unterhaltung erpichter Himmelskörper wie du und ich. In der Evolution von einst und jetzt werden eben immer wieder Unterschiede deutlich. Einst war es so, dass man meinte, dass, wenn tatsächlich einmal ein Ufo landen sollte, dies mit viel Gezisch und Geblink im Garten vor dem Weißen Haus geschehen würde. Das ist jetzt anders. Jetzt landet es im eigenen Garten, unter der eigenen Gießkanne.
Einst meinte man, darauf angewiesen zu sein, das Ufo daumendrehend erwarten zu müssen. Jetzt wissen wir, dass wir sein Eintreffen durch aktive Pflanztätigkeit befördern können, womit wir obendrein der Frisur des Planeten wie auch der vom eigenen Haus und Hof einen großen Gefallen tun. Einst war es so, dass die Äste eines Baumes abgesägt wurden, sobald sie dem Haus zu nahe kamen. Organisches Wachstum galt als Feind des Häuslebauers und nur der tote Balken als brauchbarer Baustoff. Und jetzt? Jetzt ist der lebende, wachsende Ast selbst die tragende Säule des Gebäudes, jetzt sind Haus und Garten ein und dasselbe. Einst war es so, dass man drinnen im Haus saß und nach draußen schaute, um den Baum oder das Ufo anzuschauen. Jetzt ist es so, dass man mitten im Baumwerk, Haus oder Ufo sitzt, ohne genau zu wissen, wo drinnen und wo draußen ist, wo das Sphärische anfängt und wo das Irdische aufhört, wohl aber, dass in den Weidenbauten des Garten Erde niemand staubsaugen muss. Alles Weitere regeln die Bauanleitungen auf den folgenden Seiten.

Free & wild

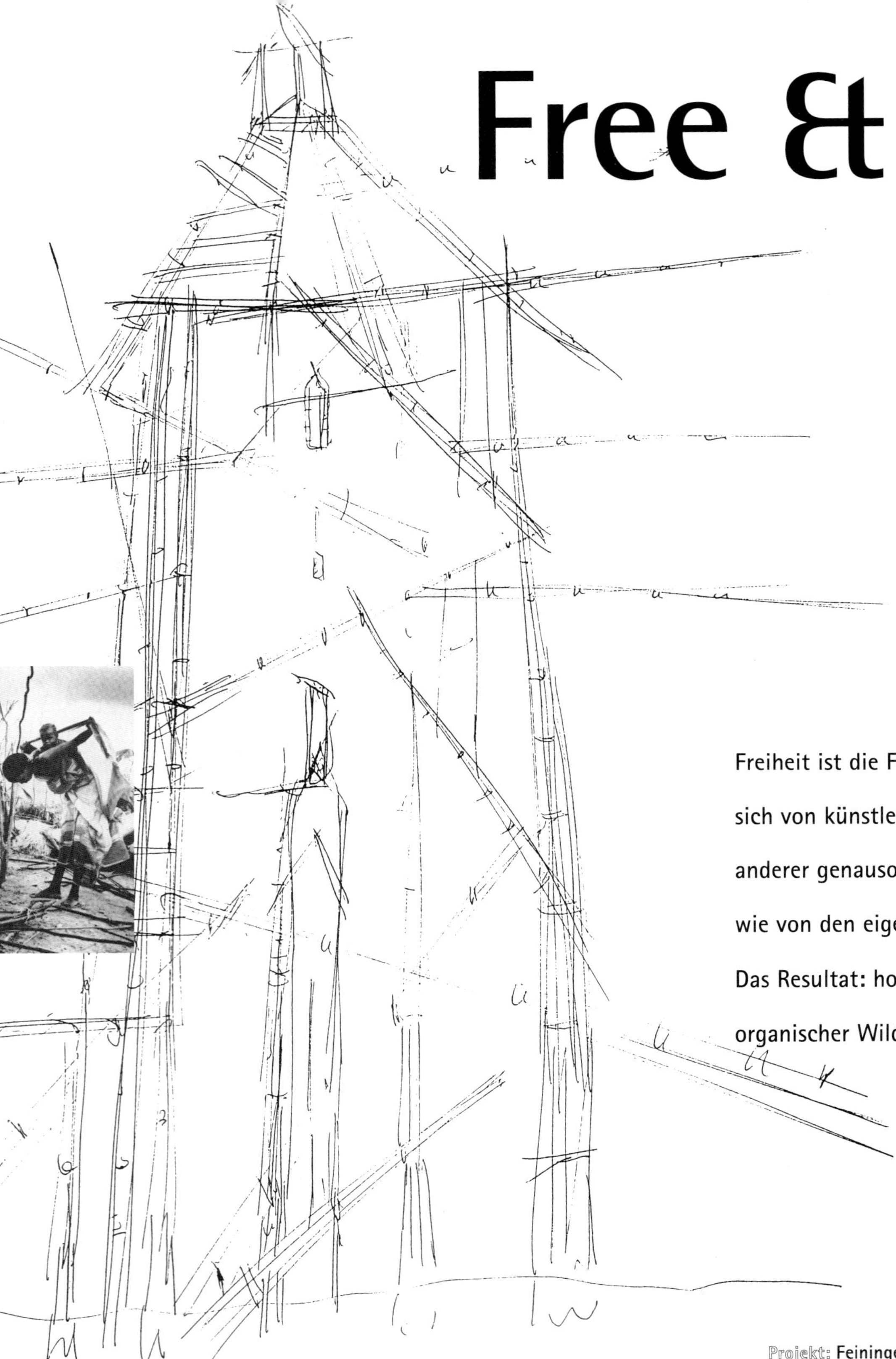

Wohnanlage eines Landstreichers in Antwerpen

Hausbau in Somalia

Freiheit ist die Freiheit,

sich von künstlerischen Ansprüchen

anderer genauso zu befreien

wie von den eigenen.

Das Resultat: hoch organisierter

organischer Wildwuchs.

Projekt: Feininger-Kalberer-Turm für Mellingen/Weimar 1999

Rutenmenschen in Auroville 1996

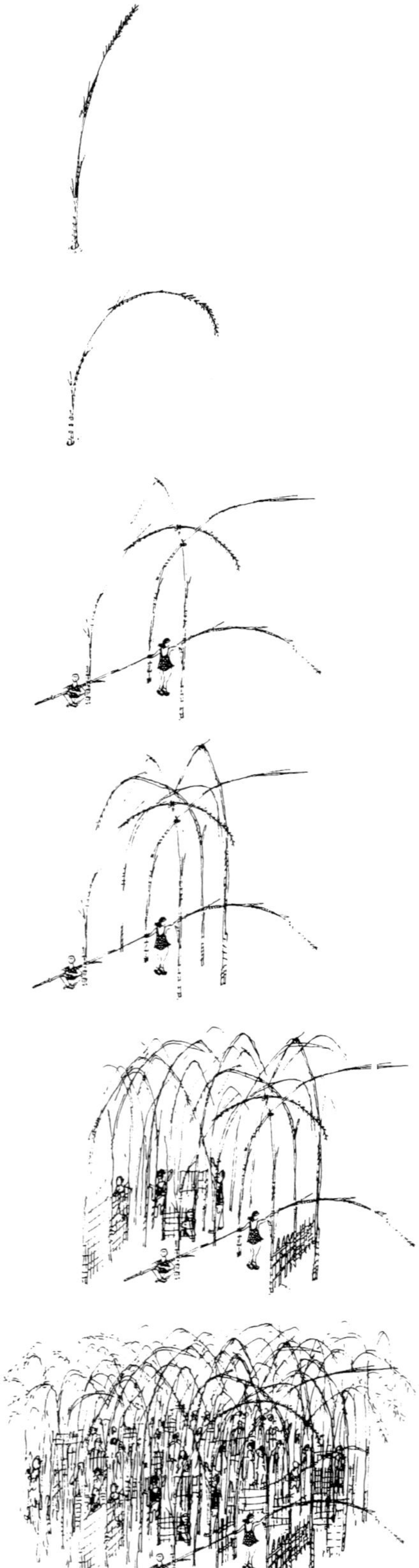

Irr

Komm und hilf mir…

…mich zu verirren!

gärten

Rutenweg: Doolhof in der Village des Nomades, erstellt anlässlich von «antwerpen 1993»

Regie: Sanfte Strukturen (Marcel Kalberer, Dorothea Kalberer-Brenek, Jürgen Schablow) Mitspieler: 150–200 Kinder und Eltern während der «Tage des Spiels» Zeitdauer: 2 Tage
Ort: Olympiapark, München Veranstalter: PA Spielkultur e.V. München 1991

Wer sich ins Innere des Labyrinths wagt, findet dort seit mythologischen Zeiten eine große Herausforderung und zur Belohnung eine Prinzessin. Welche, wird nicht verraten.

Laby

Ein lebender Sinn- und Sinnesgarten für Jung und Alt

«Bei dem auf antike Vorbilder zurückgehenden klassischen Labyrinth geht es nicht um einen Irrgarten, in dem man sich verlaufen kann, sondern ganz im Gegenteil um die Frage der persönlichen Orientierung und Selbstfindung. Labyrinthe repräsentieren den Lebensweg des einzelnen Menschen und die individuelle Suche danach. Sein Ziel erreicht man nicht auf kürzestem, geradem Weg, sondern auf verschlungenen, unvorhersehbaren Pfaden. Jeder muss sich seinem (Lebens-)Weg stellen, dessen überraschenden Wendungen und unbekannten Abenteuern ausliefern, um am richtigen Ziel anzukommen. Nur wenn man losgeht und die damit verbundenen Risiken eingeht, kann man bestimmte äußere und innere Ziele erreichen. Auf dem Weg begegnet man unbekannten äußeren und inneren Welten, erfährt die Welt und sich selbst, findet zu Lösungen und vielleicht auch zu sich selbst. Entsprechend standen Labyrinthe früher Kultstätten für radikale Selbst- und Existenzerfahrungen. Heute können sie belebende Orte der Begegnung und der Besinnlichkeit sein.»

Peter Hohenauer

rinthe

«Die Kinder und Jugendlichen sollten Gelegenheit erhalten, selbst in ihrem Schulraum ein kreatives und konstruktives Projekt umzusetzen. Dabei ist das schul- und klassenübergreifende Miteinanderarbeiten, etwas entstehen und wachsen zu lassen, besonders wichtig. Auch an diesem Weidenwerk zeigte sich, dass trotz großem Nutzungsdruck durch die Jugendlichen diese Spielanlage nicht böswillig zerstört wird – ‹etwas, was man selber baut, wird pfleglich behandelt›. Auch der natürliche Baustoff und die sich verändernden Formen scheinen auf die Kinder besser eingehen zu können als statische und unveränderbare Spielgeräte.
Baumaterial: Ruten verschiedener Weidenarten. Sie wurden vom örtlichen Bauhof zur Verfügung gestellt.»

Röbi Holenweger

Regie: **Info Spiel e.V. (Peter Hohenauer)** Mitspieler: **Lehrlinge des Gartenbauamts** Veranstalter: **Gartenbauamt der Stadt München, Luitpoldpark 1993** Regie: **Röbi Holenweger** Mitspieler: **Primar- und Realschulklassen der Schulanlage Au-Langmatt in Brugg/Schweiz, Winter/Frühjahr 1995**

Lörrach 1995

Großkörbe

Wie aus der Vergrößerung des Hauses das Hochhaus entstand,
so wird aus dem Korb der Großkorb erflochten. Wo sich solche Körbe
über Körper stülpen, entstehen Behausungen, die an Büstenhalter
einer ausgewachsenen Riesin erinnern. Es ist eine große Ehre,
von ihr einen Korb zu bekommen!

Lörrach 1992

Winterthur 1992

Bonn 1998

Unna 1991

Der Architekt Marcel Kalberer
und der Flechtmeister Peter Sturm
mit einem Hauskorb
auf dem Weg zur Riesin

Laubhütten

Am Anfang des Laubs war das Urlaub. Es entstand, als der Urbaum zum ersten Mal in der Welt seine Urblätter beurlaubte, wegen der Herbstferien. Hoch erfreut über dieses Phänomen bauten Adam und Eva daraus gleich die erste Urlaubshütte. Doch ist das Paradies nicht die einzige Gegend, die für ihren bemerkenswerten Laubreichtum berühmt ist.

Mahmut!
Was hat den 16-Jährigen reich gemacht?

(wpd) Antwerpen, ein trister Vorort. Mahmut hängt mit seiner Clique auf den Straßen herum. Bis ihn eines Tages ein Schweizer anspricht: «Wir brauchen Leute fürs große Festival. In der Village des Nomades wird ein Basar gebaut. Wenn ihr mitmacht, könnt ihr dort was verkaufen.» Mahmut und seine Freunde überlegen, keiner hat einen besseren Vorschlag. Also los. Mit Weidenruten und Schnur ausgerüstet packen sie an, bauen Verkaufsstände. Dann das große Multi-Kulti-Fest. Mahmut verkauft Merguez nach altem Familienrezept. Besucher Willi S.: «Lecker! Noch'ne Portion!» Mahmut kommt kaum nach. Doch der Einsatz lohnt sich. Am Ende hat Mahmut gut verdient, so viel, dass er seinen Eltern einen Flug nach Marokko spendieren kann. Wir meinen: Das macht nicht nur Mahmut Mut!
Verkaufsstände der ausländischen Jugendlichen im Basar der Village des Nomades – eine multikulturelle Utopie auf dem Konijnenwei, Antwerpen 1993

Regie: Sanfte Strukturen (Dorothea Kalberer-Brenek, Marcel Kalberer, Eugen Lüdi, Bernadette Merck, Jürgen Schablow)
Mitspieler: Ausländische Jugendliche Veranstalter: Stadt Antwerpen 1993

he mami
RZULI
e la fanmi

Rutenbazar in der Village des Nomades, Anterpen 1993

Kriechgänge

Regie: Bagage, Pädagogische Ideenwerkstatt e.V. Freiburg (Peter Rist) Mitspieler: Schüler und Anwohner des Schülerhorts Waldkirch Ort: Spielplatz Heimeckerstrasse, Waldkirch 1997

Tunneleffekte, mit Weidenruten effektvoll getunnelt

und Tunnels

Regie: Grün macht Schule Mitspieler: Schüler der Eduard-Mörike-Grundschule, Berlin Neukölln 1987 und Neuruppin 1986

Machen Sie sich se

Kriechen Sie mal w

ost zur Schnecke:
eder!

Regie: Peter Sturm Mitspieler: Studenten der HdK, Berlin Ort: Lenzen/Elbe 1996

Wandelnde Zäune

Projekt: Bagage, Pädagogische Ideenwerkstatt e.V. Freiburg (Udo L

In Grund und Boden möge sich schämen, wer seinen Grund und Boden jetzt immer noch mit Jägerzaun einfriedet statt mit wandelnden Weidenspalieren!

Flechtzaun in Klingnau

Verwachsener Zaun
von Arthur Wiechula

as Stadelmann, Peter Rist) Mitspieler: Eltern und Kinder des Kindergartens Birlehof, Neuenburg a. Rh. 1995

Wachsende

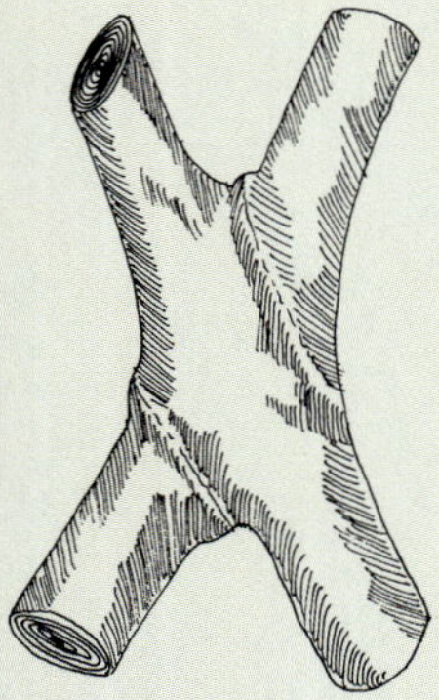

Verwachsener Kreuzungspunkt

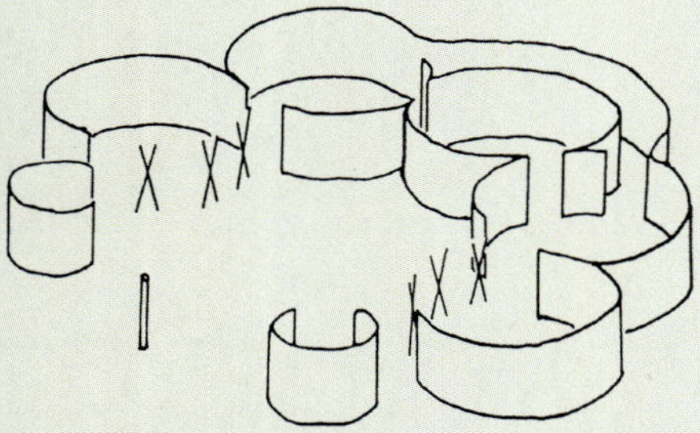

Ansicht der Wandungen

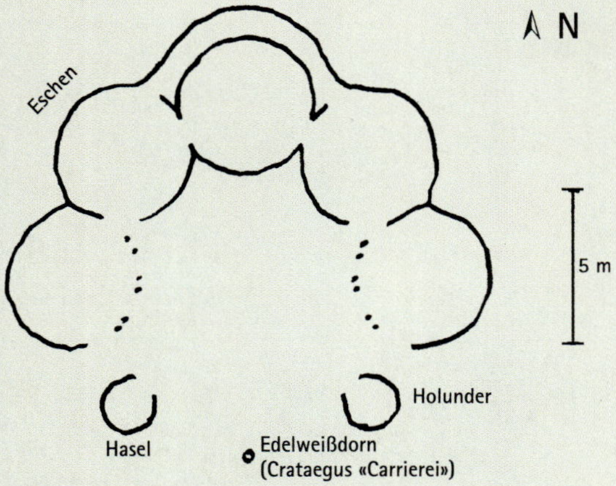

Grundriss

Wenn ich mal groß und stark bin, ist es mein Haus auch!

Regie: **Konstantin Kirsch** Bauzeit: **30 Jahre** Ort: **Forsthaus Triesch, Bauhaus 1993**

Die Pflanzung dieses Wohnhauses – in der Tradition von Arthur Wiechula – lässt die einzelnen Stecklinge an den Kreuzungspunkten miteinander verwachsen, so dass sich die Wandlung der Wandung zur geschlossenen Holzwand vollzieht. Das wachsende Wohnhaus besteht aus 1350 einzelnen Eschen. Fünf Rundräume mit insgesamt 100 Quadratmeter Nutzfläche umschliessen einen Innenhof.

Frühjahr 1991

Frühjahr 1991

Frühjahr 1992

Frühjahr 1993

Baumaterial: 1- bis 3-jährige, bewurzelte und unbewurzelte Steckhölzer von heimischen Weidenarten. Ab dem zweiten Jahr Beipflanzung von Efeu, Hanf und Hopfen, die das lebende Weidengerüst nach und nach erklimmen.

Wide

Sommer 1996

Regie: Röbi Holenweger in privatem Garten, Brugg 1991

Winter 1993

Sommer 1994

Sommer 1995

Herbst 1996

Hamam am Uhuru-Weissenstein

Schwitzhü
u

Regie: Eugen Lüdi, Bernadette Mercx, Langenthal Veranstalter: Uhuru Weltmusikfestival (Sandra Leitner) Ort: Weissenstein, Solothurn 1997
Regie: Spielehaus Richtersche Villa e.V. Rudolstadt, Rheinsfeld 1997
Regie: Rudolf Doernach, Wildberg 1983

Wir bauen uns ein Äquatorialbiotop! Tarzansauna für die nördlichen Breitengrade. Schwitzen statt schlottern. Ein bisschen heißer Dampf schadet den Pflanzen nicht und fördert beim Menschen die Freude an Hygiene und gesteigerter Durchblutung.

Oben: Sauna in Wildberg
Links: Schwitzhütte in Rheinsfeld

te
d Dampfsauna

Weidenturm

Die Entstehung des Weiden-Campanile aus dem Geist des Hula-Hoop.

«Auch Faulheit und Trotz sind Naturkräfte mit gelegentlichem bio-architektonischem Nutzwert. Unsere Ur-Laube wuchs wie Phönix aus der Asche eines im Grunde gescheiterten, weil abgebrannten und eingestürzten Erdhauses. Die Baumaterialien Stroh und Rundhölzer erwiesen sich als allzu leicht entzündlich. Dass das Feuer die Mühen unserer zweijährigen Bauarbeit ausgerechnet am Tag des Richtfestes zunichte machte, hatte auf uns, die Erbauer, eine zusätzlich demotivierende Wirkung, weshalb wir die Trümmer fortan sich selbst überliessen. Es war das Beste, was ihnen geschehen konnte. Ein Baumwerk brach sich aus eigener Kraft seine Bahn, erbaute sich spontan aus sich selbst heraus, ohne unser Zutun, auferstanden aus Ruinen.»

Regie: Sanfte Strukturen (Marcel Kalberer, Heiner Braun) im Wald 7, Heggelbach 1985

Fisch

Auf der Wiese geht ein Firsch auf die Pirsch

Oben: Fisch Frühjahr 1998
Unten: Fisch Sommer 1998

Regie: Carlotta Brunetti, Julia Lohmann Mitspieler: SchülerInnen der Schule «An der Insel» Ort: Schulhof der Rosa-Luxemburg-Gesamtschule, Potsdam 1998

und Reuse

d wird ihm die Weidenreuse zum Zuheuse

«Da der Fluss Havel und die vielen Seen die Stadt Potsdam wesentlich prägen, dachten wir uns das Projekt ‹Fisch und Reuse› aus. Inzwischen ist dank des regnerischen Sommers alles gut angewachsen. Die Kinder sind natürlich darauf herumgeklettert und haben einige Ruten herausgezogen, so dass es etwas Schaden nahm. Trotzdem fällt dies nicht sehr auf, da es sich um ein lebendes Gebilde handelt, das immer der Veränderung unterworfen sein wird. Uns war es wichtig, den Schülern das Wachsen und Vergehen und die jahreszeitlichen Veränderungen zu zeigen und sie zu eigenem Schaffen zu ermutigen.»

Carlotta Brunetti

Oben: Reuse Sommer 1998
Unten: Reuse Frühjahr 1998

Wie baue ich

Familie H. fragt, M. Kalberer antwortet.

Marcel Kalberer: Liebe Familie H., das finde ich ja ganz toll, dass euch die vielen Beispiele dazu angeregt haben, schon im nächsten Frühjahr selber ein Weidenwerk zu bauen. Gerne beantworte ich alle Fragen, die sich damit verbinden, und möchte euch ermuntern, auch scheinbar nebensächliche Fragen zu stellen, damit ihr auch alles richtig macht.

Familie H.: Wie finden wir in unserem Garten den geeignetsten Pflanzplatz für das Weidenwerk?
Marcel Kalberer: Leider kenne ich euern Garten, vor allem seine Grösse und Lichte, nicht. Es ist wichtig zu wissen, dass die Weidenpflanzung viel Licht braucht. Unter Bäumen wächst die kleinste Weidenhütte nicht. Zu nahe an andere Bäume gepflanzt, könnte sie in ihrem schnellen Wuchs und mit dem entsprechenden Durst den pflanzlichen Nachbarn lästig werden. Also ein offener, freier, für euer Weidenwerk genügend grosser Pflanzplatz ist gefragt. Selbst wenn euer Projekt anfänglich keine «atlantischen» Dimensionen aufweist, wird es doch schon bald – zu euerm Wohl oder Übel – zu einem Baum erwachsen.

Familie H.: Wie sollte der Boden beschaffen sein?
Marcel Kalberer: Der Boden sollte nicht trocken und sandig sein. Lehmige, feuchte Böden sind am besten geeignet, aber nicht unerlässlich. Bei guter Wässerung in den ersten Jahren können Weiden auch in aufgeschütteten, steinigen und lehmfreien Böden gedeihen.

Familie H.: Wann ist die beste Pflanzzeit?
Marcel Kalberer: Ihr schreibt, dass ihr im Frühjahr bauen wollt. Das versteht sich fast von selbst. Ist dies doch die Zeit, in der die Kinder wieder in den Garten drängen und auch ihr euch dort wieder gerne aufhaltet und pflanzt. Doch die vielseitigen Weiden wachsen auch in allen anderen Jahreszeiten an. Wenn ihr also nicht bis zum Frühjahr warten wollt, könnt ihr auch sofort, im November oder Dezember beginnen. Ihr schneidet schon morgen die Ruten und pflanzt diese übermorgen zu einem Baumwerk und weiter den ganzen Winter lang, ausser bei Frost. Selbstverständlich ist das Frühjahr eine gute Pflanzzeit, doch wenn euch die Zeit nicht genügt, könnt ihr selbst noch im Hochsommer Weidenstecklinge pflanzen. Bei täglicher Wässerung gedeihen auch diese Sommerpflanzungen, wie etliche Beispiele in diesem Buch zeigen.

Familie H.: Müssen wir die Ruten sofort schneiden?
Marcel Kalberer: Was das Schneiden der Ruten betrifft, kann ich euch beruhigen. Ihr braucht sie noch nicht im November oder Dezember zu schneiden. Doch wenn ihr wollt, könnt ihr dies gerne heute schon tun. Es hat sich bewährt, sie im Januar und Februar, am besten noch vor dem Austrieb der Kätzchen, zu schneiden. (Vom Naturschutz festgelegter Zeitraum zum Schneiden: Mitte Oktober bis Ende März.)

Familie H.: Wie lagern wir diese Ruten?
Marcel Kalberer: Am besten lagert ihr sie trocken und lichtgeschützt unter einem Vordach, in einem Schuppen oder einer Garage. Sie sollen nicht durch Licht und Feuchtigkeit schon vor eurer Pflanzaktion austreiben. Der Raum soll auf keinen Fall geheizt sein, damit die Ruten nicht austrocknen. Es gibt auch die Möglichkeit, die Ruten nass aufzubewahren, z. B. in einem Tümpel. Weil sie

mit Weiden?

dann aber schon im Wasser Wurzeln treiben, muss beim Verpflanzen sehr achtsam mit diesen verletzlichen Wurzeltrieben umgegangen werden. Darum rate ich davon ab (außer bei Sommerpflanzungen, um ein Austrocknen der im Winter geschnittenen Ruten zu verhindern). Falls kein Lagerraum zur Verfügung steht, schlagt ihr am einfachsten den Rutenberg in eine Plane ein und deckt ihn licht- und regenfest ab und könnt die Ruten so einige Monate bis zum Pflanzen aufbewahren.

Familie H.: Wo finden wir die Weidenruten?
Marcel Kalberer: Ich weiss nicht, ob ihr schon Ruten im eigenen Garten oder anderswo im Auge habt, ansonsten empfehle ich Spaziergänge entlang von Bächen und Flüssen und durch Auen, und ihr findet, was euer Weidenherz begehrt. Stosst ihr sogar noch auf alte Kopfweidenbestände, so ist auch der nächste Naturschutzverein nicht fern. Diese Vereine sind aus ökologischen und landschaftsbildnerischen Gründen aktiv am Erhalt und an der Pflege dieser Restbestände beteiligt. Sie sorgen dafür, dass die Kopfweidenkulturen alle drei bis fünf Jahre geschnitten werden. Die ergiebige Masse an Ruten und Ästen könnt ihr über diese Vereine beziehen. Durch Nachfrage bei den Besitzern (Bauern, Forstverwaltungen und Gemeinden) erfahrt ihr auch, wann und wo geschnitten wird (meist Dezember/Januar). Bevor diese Ruten verhäckselt, kompostiert oder im schlimmsten Fall verbrannt werden, könnt ihr sie kostenlos vor Ort abholen. Nach den Korbern, die früher diese Ruten für ihr Handwerk brauchten, gehört ihr nun zu den ersten neuen Kunden, die diesen nachwachsenden Rohstoff zu nutzen und zu schätzen wissen. Eure Suche wird sicher erfolgreich sein, denn ich habe bis anhin noch von keinem Weidenbauprojekt gehört, das an der Beschaffung der Ruten scheiterte.

Kopfweiden in Auerstedt

Sortieren der Ruten

Familie H.: Wie lang und wie dick sollen die Ruten sein?
Marcel Kalberer: Beim Selberschneiden wie beim Abholen von Ruten ist es gut zu wissen, dass nicht die dünnen ein- bis zweijährigen Triebe, die 1 bis 2 Zentimeter dicken und 1 bis 2 Meter langen Ruten, am leichtesten wieder austreiben.

Vielmehr sind es die 3 bis 7 Zentimeter dicken und bis zu 6 Meter langen, weit verästelten Ruten die am besten anwachsen. Trotzdem sind auch die dünnen Ruten zum Ausflechten gut zu gebrauchen.

Familie H.: Welche Menge brauchen wir?

Marcel Kalberer: Hier dürft ihr ruhig großzügig sein und braucht beim besten ökologischen Gewissen nicht zu sparen. Die Natur und ganz speziell die der Weiden ist äußerst spendabel. Selbst wenn ihr nicht alles für euer Baumwerk verwenden und verpflanzen könnt, bildet ein Rest Ruten ein wertvolles Naturmaterial- bzw. Spielmateriallager für die Kinder. Sie können im Sommer damit Gerüste für Lehmfiguren bauen, Hütten und Tipis damit errichten, gar einen Irrgarten improvisieren oder vor dem Verbrennen noch Würstchen draufspießen.

Familie H.: Wie planen wir unser Weidenwerk?

Marcel Kalberer: Ich selbst arbeite am liebsten mit Modellen im Maßstab 1:20 aus dünnen, geschälten Weidenruten, wie sie die Korbmacher verwenden. Modelle sind für alle Beteiligten verständlicher und anschaulicher als Zeichnungen. Ihr könnt aber auch wie die Schulklasse in Ulm ein Modell aus

Bonsai-Blaudom, Blumentopfmodell im Maßstab 1:20 des Blaudoms zu Ulm

dünnen Weidenruten in einem großen Blumentopf vorziehen, das euch dann als lebende Miniaturausgabe im Topf bereitsteht. Vielleicht reicht euch aber auch eine Skizze oder ein Plan, oder ihr verzichtet auf alle Vorarbeit, um spielerisch und spontan vor Ort drauflos zu bauen, wie es euch gefällt.

Modell des Auerworldpalasts im Maßstab 1:20 aus geschälten Korberruten von Anna Kalberer, 1997

Familie H.: Welche Werkzeuge benötigen wir?

Marcel Kalberer: Geeignetes Werkzeug erleichtert die Arbeit, darum ist es gut, dieses vor Arbeitsbeginn bereitzustellen:
Für das Bauen mit Rutenbündeln braucht ihr noch:
Knüppel und Tau
Spanngurte
Arbeitsböcke
Baumsäge
Bügelsäge
Machete
Taschenmesser
Baumschere
Astschere
Axt
Schaufel
Spaten
Spitzhacke

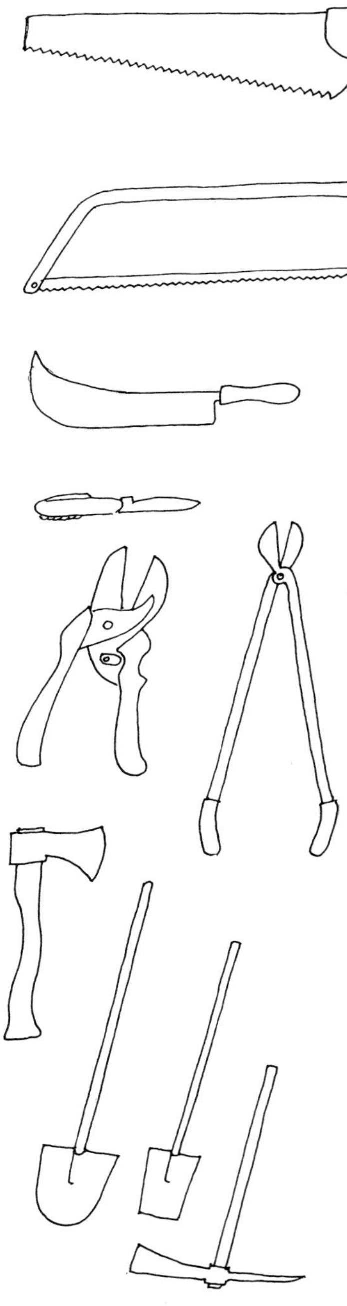

Bündeln, Binden und Winden mit Knüppel und Tau oder Spanngurten

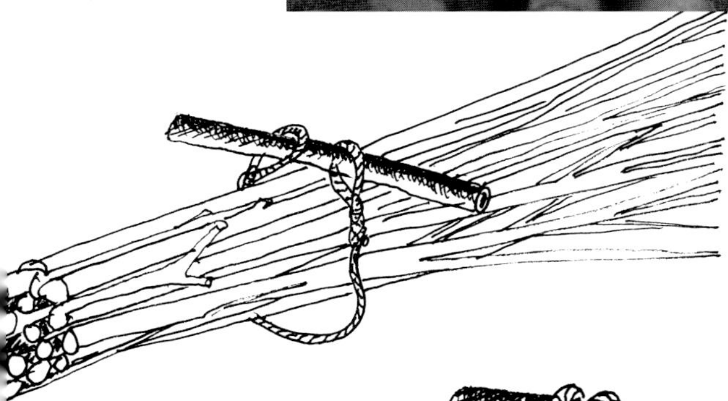

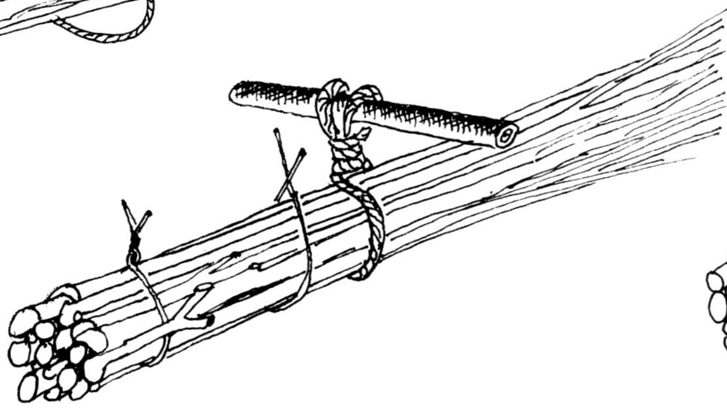

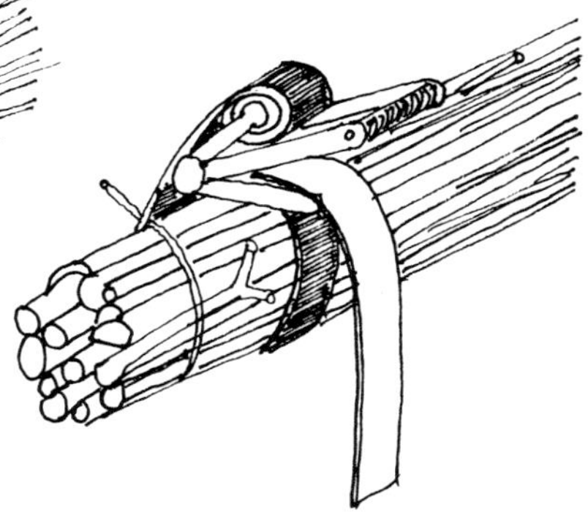

Familie H.: Wie tief müssen wir die Ruten eingraben?

Marcel Kalberer: Was immer ihr bauen wollt, achtet darauf, dass die Ruten mindestens 60 bis 70 cm tief in den Boden gepflanzt werden. Für Werke, die aus einzelnen Ruten bestehen, reicht ein Spitzeisen, um die einzelnen Pflanzlöcher vorzubohren. Wollt ihr aber eine ganze Wand von eng nebeneinander stehenden Stecklingen, so schaufelt ihr leichter einen schmalen, spatenbreiten Graben in der geforderten Pflanztiefe aus und setzt dann die Ruten hinein. Wenn ihr die Ruten im 45-Grad-Winkel verkreuzt in beide Richtungen pflanzt, erhaltet ihr eine lebende Flechtwand. Sind die Ruten dann eingepflanzt, könnt ihr sie entsprechend ihrer Elastizität beliebig verformen, biegen, miteinander verflechten oder zusammenbinden.

Familie H.: Wie viel Wasser braucht die Pflanzung?

Marcel Kalberer: Am Anfang könnt ihr nicht genug wässern. Am besten während den ersten zwei Wochen jeden Tag. Dann je nach Wetterverlauf. Bei trockenem Frühling und Sommer sollte das Weidenwerk im ersten Jahr jede Woche einmal gut unter Wasser gesetzt werden. Viele Grünwerke, vor allem in Schulgärten, sind im ersten Sommer vertrocknet, weil während den Schulferien niemand fürs Wässern sorgte. Schon im zweiten Jahr ist das Wurzelwerk so weit ausgebildet, dass ihr, außer in extrem trockenen Perioden, nicht mehr zu wässern braucht.

Familie H.: Wie verbinden wir die Ruten?

Marcel Kalberer: Als Bindematerial empfehle ich aus vielerlei Gründen Schnur aus Kokosfasern. Sie ist leider nicht überall leicht erhältlich, aber über Seilhändler und grössere Gartenbaubetriebe zu beziehen oder zu bestellen. Nachfrage verstärkt das Angebot und speziell die Kokosschnur verdient eine verstärkte Nachfrage, wird sie doch außer im Gartenbau kaum mehr verwendet und die Kokosländer der Dritten Welt – allen voran Indien – bleiben auf diesem hochwertigen Naturprodukt sitzen. Kokosschnur ist witterungsbeständiger und darum langlebiger als solche aus Hanf oder Sisal und in ihrer prägnanten Farbigkeit kontrastiert sie sehr schön mit den grünen Weiden. Ihre grob gezwirnte und fasrige Beschaffenheit verleitet auch nicht zu kapriziöser Knüpfkunst – ein Doppelknoten und «fertig ist die Laube». Vielleicht ist auch mal eine konstruktive Verbindung mit Draht nötig. Dann achtet darauf, unverzinkten Rohstahldraht zu verwenden. Diesen Stahldraht, 1,4 bis 2,8 Millimeter dick, könnt ihr als Kiloware bei grossen Eisenwarenhändlern/Baustahlhändlern besorgen. Wenn das Pflanzwerk für Kinder klettertauglich sein soll, empfehle ich, unverzinkte Stahlrohre (1/2 bis 3/4 Zoll dick) in die Weidenbündel einzubinden.

Lebender Weidenzaun

Familie H.: Können wir mit einem großen Bogen beginnen?

Marcel Kalberer: Auf jeden Fall. Ich möchte euch sogar dazu ermutigen und euch die «Mudhif-Bündeltechnik» empfehlen (siehe Seite 52), die ich den Arabern in den Sumpfgebieten Mesopotamiens abguckte. So wie diese Leute 5000 Jahre lang dünne Schilfrohre zu dicken Säulen und weiten Bögen zusammenbanden, so binden wir unsere Ruten mit Knüppel und Tau oder mit modernen Spanngurten zu ebenso dicken Pfeilern und weiten Bögen. Dabei werden in der Längsrichtung immer neue Ruten angesetzt, wohl wissend, dass sie später nicht wurzeln und leben werden, aber so lange ihre Festigkeit bewahren, bis die wurzelnden Ruten nach oben gewachsen sind und die unterdessen vertrockneten Ruten mittragen. Das Bündeln und Binden der Ruten erfolgt am bequemsten auf x-förmigen Auflagern, die wir aus den armdicken Rutenenden fertigen, anspitzen und fest in den Boden setzen. Die Dicke der Bündel hängt von der Bogenweite ab. Aufgrund unserer Erfahrungen empfehlen wir Bogendicken, die am Fuß des Bogens einem Zwanzigstel, am Scheitelpunkt einem Fünfzigstel der Spannweite entsprechen.

Heiteres Stahlrohrbiegen

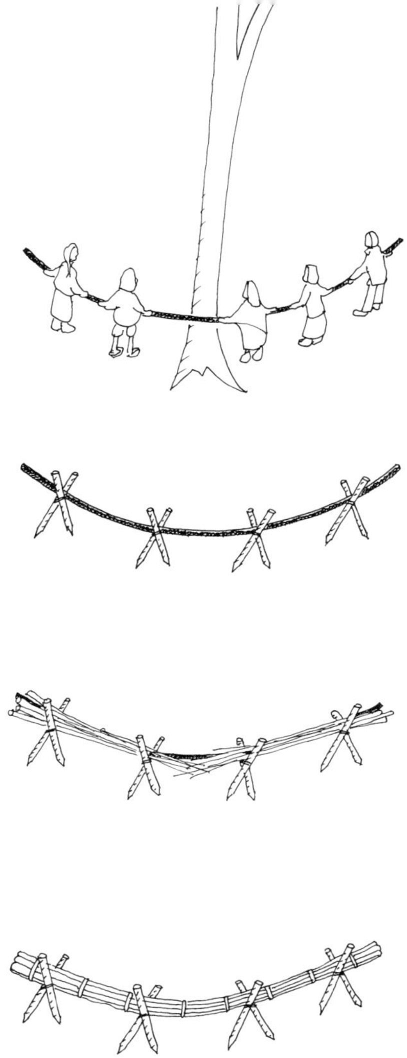

Familie H.: Brauchen wir eine Baubewilligung?

Marcel Kalberer: Ihr baut kein Haus, sondern ihr pflanzt einen Baum. Juristisch äußerst wichtig ist die Unterscheidung zwischen Baumwerk und Bauwerk. Wenn ihr – warum auch immer – glaubt, eine Bewilligung haben zu müssen, so fragt lieber beim Forstamt, beim Umweltamt oder beim Gartenbauamt an. Eine Bewilligung von der Baubehörde braucht ihr nicht, da diese Pflanzungen nicht unter die Definition eines Bauwerks fallen. Keines der in diesem Buch vorgestellten Beispiele wurde baubehördlich geprüft. Einen Präzedenzfall bildet der Auerworld-palast, bei dem uns das zuständige Bauamt die Richtigkeit dieser Definition bestätigte. Also nutzt die Freiheit zu pflanzen, was und wie es euch beliebt.

Familie H.: Was ist beim Bauen noch zu bedenken?

Marcel Kalberer: Arbeitet mit den Kindern zusammen. Das Bauen mit Weiden sollte wie ein Fest oder ein Spiel organisiert werden und Spaß machen. Ladet noch ein paar Freunde und Spielgefährten der Kinder dazu ein. Nennt es Weidenparty oder Bauspielfest. Richtet eine schön gedeckte Tafel und Getränke nach Belieben her, und auch Musik sollte nicht fehlen. So kann das Bauen zu einem oder mehreren geselligen und heiteren Festtagen werden und sich euer Garten in einen kreativen Bauspielplatz verwandeln.

Familie H.: Was kommt im Nachhinein auf uns zu?

Marcel Kalberer: Es ist unwahrscheinlich, dass euch nach der Lektüre dieser Empfehlungen noch grössere Fehler passieren werden. Die gepflanzten Ruten werden schon im ersten Sommer Blätter austreiben. Schon im zweiten Lebensjahr verwandeln dann 1 bis 3 Meter lange Triebe, die aus den vielen lebenden Ruten spriessen, mit zarter Naturgewalt euer schönes Werk in Naturgestalt.
Was immer ihr an Form vorgegeben habt, die Weiden kümmert's nicht. Sie wollen sich zu einem Baum entwickeln. Wenn ihr wollt, könnt ihr gerne den Gestaltungsabsichten der Weiden freien Lauf gewähren und schon nach fünf Jahren wird aus euerm Gebilde ein grosser Baum aus vielen Stämmen erwachsen sein. Wollt ihr aber weiterhin das gestalterische Zusammenspiel mit der Natur und euerm Baumwerk nicht missen, könnt ihr durch das Zurückschneiden und Einflechten der alljährlich neuen Triebe das Wachstum in die gewünschte Form leiten und dabei auch noch große Mengen an Weidenruten ernten. Anregen möchte ich das Schneiden an immer den gleichen Stellen, am besten über Kopfhöhe, wo ihr noch bequem mit der Baumschere hingelangt, um dort richtige Kopfweiden entstehen zu lassen. Ihr leistet damit einen wichtigen Beitrag zur Schaffung von

Lebensraum für viele Tiere und Insekten und verhindert gleichzeitig, dass euch euer Weidenwerk weit über den Kopf wächst. Wie für jede Pflanzung, sollte ganz speziell für Weidenwerk eine Person die Patenschaft übernehmen und für die jährliche Pflege verantwortlich zeichnen. Dass es sich dabei nicht nur um eine gärtnerische, sondern auch um eine gestalterische Aufgabe handelt, erhöht den Reiz dieser Arbeit und macht den Gärtner zum Naturbaukünstler.

Familie H.: Wir sehen nun unsere technischen Fragen geklärt. Die Kinder können es kaum erwarten, und so werden wir also schon bald mit dem Rutenschneiden beginnen. Wir würden aber gerne noch unser botanisches Wissen über die Weide erweitern, so dass uns der pflanzliche Partner in diesem Zusammenspiel nicht gänzlich fremd sei. Was für Weiden und wie viele Arten gibt es?

Marcel Kalberer: Neben den Weidenbäumen unserer Vorstellung, den Trauerweiden, die sich im Wasser spiegeln, und den riesigen Silberweiden, reicht die Vielfalt der Erscheinungsformen der Weide bis zu Sträuchern und Kräutern. Weltweit. Salix, wie sie botanisch heisst, findet sich am Äquator ebenso wie in den Schneeregionen der Alpen, in Felsritzen, auf den verschiedensten Böden. Von der kleeblattgroßen Krautweide (Salix herbacea) über die strauchförmigen Heidelbeerweiden (Salix myrtilloides) und Ruchweiden (Salix foetida) zu den 10 bis 12 Meter grossen Hanf- oder Korbweiden (Salix viminalis) und Salweiden (Salix caprea) bis hin zu den Trauerweiden (Hybriden von Salix babilonica), den gedrehten Korkzieherweiden (Salix tortuosa) und den 20 bis 30 Meter hohen Silberweiden (Salix albia) und Bruchweiden (Salix fragilis) gehen Fachleute von zwischen 300 und 500 verschiedenen Weidenarten aus.

Familie H.: Wie werden Weiden bestimmt und welche können wir erkennen?

Marcel Kalberer: Die Bestimmbarkeit der Weiden gilt als eigentlicher botanischer Skandal. Je nach Auffassung fallen darum auch die Schätzungen der Botaniker weit auseinander. Zumal die Weiden leicht neue Hybride ausbilden oder gar im Verlauf ihres Wachstums Farbe und Form ihrer Blätter verändern können. Durch Klonen wurden für das Korberhandwerk spezielle Weiden gezüchtet, wie die Purpurweide (Salix purpurea) und die Korbweide (Salix viminalis). Einige verbreitete Weidenarten können wir aufgrund ihres Blütezeitpunkts erkennen. Die Blüte besteht aus der eingeschlechtlichen Ähre, dem Kätzchen. So erkennen wir die Salweide an den grossen, bis 5 Zentimeter langen Kätzchen. Sie sind erst perlweiss, dann safrangelb, bevor dann die eher kurzen und rundlichen Blätter austreiben. Ebenso blüht die Hanfweide, die wir vor dem Austrieb der Blätter öfter für unsere Pflanzungen verwenden. Bei der Silberweide (Baum des Jahres 1999) mit ihren lanzettförmigen und unterseitig silbernen Blättern und der Weissweide (Kultursorte «Calva»), bekannt als Bruchweide (häufigste Art der Kopfweidenkulturen), treiben Blüte und Blätter gleichzeitig.

Familie H.: Welche Weidenart eignet sich am besten für unser Baumwerk?

Marcel Kalberer: Generell könnt ihr die Ruten aller Weidenarten verwenden. Vielleicht wollt ihr bestimmte Vorlieben bezüglich der Art berücksichtigen. So könnt ihr euer Weidenwerk durch die entsprechende Artenwahl in seinem Wesen, der Wachstumsentwicklung, in der Farbgebung der Ruten, der Form und Farbe der Blätter und Blüten nach euren Wünschen pflanzen. Wenn ihr nicht so wählerisch vorgehen wollt, empfehle ich den Schnitt von Kopfweiden zu verwenden oder die Weiden eurer nächsten Umgebung zu nutzen, die sich an ähnlichem Standort bewährt haben, oder aber ohne großes Kopfzerbrechen alle euch verfügbaren Arten zu nehmen. Wollt ihr farbenprächtige Weidenpflanzungen, so müsst ihr in der Natur nach den entsprechenden Weidenarten suchen oder bei einer Baumschule nach den knallgelben Dotterweiden (Salix alba) der Sorte «Vitellina» oder den orangeroten Weissweiden (Salix alba) der Sorte «Chermesina» fragen. Schön bunt sind auch die purpurroten Ruten der Reifweide (Salix daphnoides). Alle diese farbigen Weiden sollten aber jedes Jahr zurückgeschnitten werden, da die Ruten nur im ersten Wachstumsjahr ihre volle Farbigkeit ausstrahlen und ohne diesen Schnitt Jahr für Jahr mehr verblassen.

Familie H.: Warum rätst du zur Nutzung von Kopfweiden? Was ist an der Kopfweide so bedeutungsvoll?

Marcel Kalberer: Ganz persönlich finde ich diese Struwwelstümpfe fantastische

Vorher, nachher. Rohstoff und Produkt, Aue

Land-art-Objekte, die das Landschaftsbild bereichern und verzaubern. Aber die Kopfweide ist nicht nur ein Zeichen der Schönheit, sondern auch ein Vorbild an Nützlichkeit – ein ökologisches Gesamtkunstwerk. Durch die weitere Nutzung und Pflege tragen wir zum Erhalt dieser Kulturen bei. Die Kopfweide ist ein botanischer Glücksfall für die Belebung unserer Umwelt. Diese Kulturpflanze, in der Absicht der Rutengewinnung entstanden aus dem Zusammenspiel von Mensch und Baum, kann als ökologisches Wunderwerk verstanden werden. Denn je älter und knorriger die Kopfweiden werden, desto mehr Unterschlupf bieten sie für die reichste Tierwelt, die wir auf einem heimischen Baum beobachten können. Wie Röhren bestehen die alten Stumpfbäume nur noch aus einem Rindenmantel mit vielen geschützten Hohlräumen im Innern, auf die der Steinkauz und der Wiedehopf (Wiede = Weide) angewiesen sind.

Zehn Jahre nach der Pflanzung

Aber auch Falken und Enten nutzen die geschützten Unterkünfte, zudem viele Kleinvögel, wie Kohl- und Weidenmeisen, der Grasschnäpper, der Gartenrotschwanz und der Zaunkönig und vor allem auch die nachtaktiven Baumfledermäuse. Unterhalb der Vögel bauen Säugetiere ihre Nester in die hohlen Stämme: Füchse, Marder, Iltis, Wiesel, Siebenschläfer, Igel und Mäuse. Noch wichtiger aber sind die Weiden für Insekten. Schon früh im Jahr bilden die Pollen die erste Nahrung für die Bienen. Auch einer unverhältnismäßig großen Artenvielfalt an Insekten bietet die Kopfweide Lebensraum. In das weiche und morsche Holz bohrt sich die Raupe des Weidenbohrers, die wiederum dem Buntspecht als wichtige Nahrung dient; und wo sie diesem entkommt, erwächst aus ihr der bis zu 9 Zentimeter grosse Schmetterling. Neben diesem wird der Baum noch von bis zu hundert weiteren Raupen oder Schmetterlingen bewohnt, von ebenso vielen Käfern, wie z.B. den Pappel- und Moschusböcken, aber auch von vielen Spinnen- und Ameisenarten, von Wespen, Hornissen und Waldbienen. Zudem leben auch viele Pflanzen auf und von der Kopfweide, wie Misteln, Feldrosen, der schwarze Holunder und vielerart Pilze, Moose und Flechten.

Zum Erhalt der natürlichen Vielfalt gehört darum zu allererst der Erhalt dieser Kulturen. Deshalb möchte ich euch durch konsequentes Zurückschneiden die Anzucht von Kopfweiden, die aus euern Weidenwerken erwachsen, ans Herz legen. In der neuen Funktion als Zukunftsgestalter könnt ihr des Danks eurer Um- und Nachwelt sicher sein.

Für weitere Fragen siehe Literaturempfehlungen auf Seite 128.

Kopfweide (Zeichnung von 1560)

Willkommen im

«Die meisten landwirtschaftlichen Kulturen entstammen dem Ökosystem Steppe oder Halbwüste. Anfänglich wurden die Kulturpflanzen der Landschaft angepasst, was sich in einer Vielzahl lokaler Sorten zeigte. In den sechziger Jahren wurde begonnen, die Landschaft den Bedürfnissen der leistungsfähigsten, aber anspruchsvollsten Steppenpflanzen anzupassen.
Die ‹Ver-Steppung› und ‹Ver-Wüstung› machte auch vor den Feuchtgebieten in unseren Bach- und Flussauen nicht Halt.
Mit Dränagen, Gräben, Fluss- und Bachregulierungen, Eindeichungen, Waldrodungen usw. wurde das Wasser aus dem Land gejagt.

Die Folgen:
ein gestörter Wasserhaushalt,

- es bildet sich nicht mehr genug Grundwasser, die Zahl und Länge der Fernwasserversorgungsnetze wachsen rapide;
- die Qualität dieses Grundwassers entspricht nicht mehr unseren Anforderungen an Trinkwasser, die Zahl der Tiefbrunnen nimmt ständig zu;
- erhöhte Hochwassergefahr, hier genügt ein Blick in die Tagespresse;

ein gestörter Klimahaushalt,

- die kühlende Wirkung der Feuchtgebiete ging verloren, die durchschnittliche Jahrestemperatur stieg seit unserer Entwässerungstätigkeit an;
- die Verteilung der Niederschläge wurde ungünstiger, Sommerniederschläge werden seltener, aber heftiger;

ein gestörter Bodenhaushalt,

- die Auswaschung der Basen wird durch den wechselfeuchten Charakter der entwässerten Böden gefördert. Die nicht ersetzbaren Basenvorräte sind mancherorts auf 30% ihrer ursprünglichen Höhe geschrumpft. Die Basenvorräte im Boden sind Grundlage für die Fruchtbarkeit der Böden.

Lebensräume für viele Pflanzen und Tiere gingen verloren,

- Quellen wurden gefasst,
- Feucht- und Nasswiesen entwässert und zu Äckern umgebrochen,
- Auwälder gerodet,
- Bäche und Flüsse begradigt und zu Abwasserkanälen umgewandelt,
- Tümpel und Teiche verfüllt.

Aber was hat das in diesem Buch verloren?

Weidenzeitalter

Stellen Sie sich vor, viele Menschen bauen etwas mit Weiden, einen Zaun, eine Hütte, einen Carport, einen Unterstand für Weidevieh, eine lebende Skulptur, einen Palast oder etwas ganz anderes. Vielleicht auch zwei davon oder mehr. Und dem Nachbarn gefällt's und er macht's genauso. Dann brauchen die Leute Baumaterial, sie brauchen Weiden. Die bestehenden Kopfweidenbestände werden wieder genutzt und es werden vielleicht sogar neue gepflanzt.

Hier beginnt die ökologische Dimension des Weidenbaus. Weiden sind bei uns heimisch und ein Bestandteil unserer Ökosysteme. Eine Umformung der Landschaft ist für ihren Anbau nicht erforderlich. Ihr Anbau ermöglicht gerade die Wiederherstellung wichtiger Funktionen des Naturhaushalts.

- Hochwasser, überschwemmungsbedingte Ablagerungen, Eisgang usw. machen ihnen nichts aus. Dadurch können Überschwemmungsgebiete, Wasserrückhalteflächen und Feuchtflächen so bewirtschaftet werden, wie es die Natur in unseren Breiten eben vorsieht.
- Dränungen sind nicht erforderlich und können auf den mit Weiden bestellten Flächen wieder rückgängig gemacht werden. Dies ist für die Wiederherstellung eines intakten Wasser- und Klimahaushalts von elementarer Bedeutung.
- Ein jährlicher Umbruch ist nicht erforderlich. Einmal gepflanzt, können Weiden jahrzehntelang genutzt werden. Die Erosion wird stark reduziert und hochwasserbedingte Ablagerungen stellen kein Problem dar. Diese sind als Dünger sogar willkommen.
- Weidenplantagen und Kopfweiden sind für viele Tiere ein wichtiger Biotopbaustein. Die Licht- und Schattenphasen einer Weidenplantage ermöglichen auch lichtliebenden Pflanzenarten das Überleben. Auentypische Tiere finden Deckung, Nahrung, die Möglichkeit zu nisten und andere Lebensräume ungestört zu erreichen. Kopfweiden enthalten daneben auch viele Biotopstrukturen alter Wälder.
- Weiden brauchen keinen Chemieeinsatz. Gerade in den empfindlichen Auenlandschaften stellt dies eine deutliche Verbesserung der Lebensmöglichkeiten für Bodenorganismen, aber auch der Qualität der Grundwasserbildung dar.

Die Kultur von Weiden und die Nutzung von Kopfweiden stellt an geeigneten Standorten eine optimale, landschaftsgerechte Bodennutzung dar. Neben dem wirtschaftlichen Nutzen werden auch aus dem Blickwinkel des Natur- und Ressourcenschutzes eine Fülle von Zielen erreicht.

Und was für die Weidenplantagen und Kopfweiden auf großen Flächen in der freien Landschaft gilt, trifft auch in entsprechend kleinerem Maßstab auf die aus den Weiden hergestellten Bauwerke in den Gärten zu.

Es entstehen Höhlen für Vögel unterschiedlichster Größe, von der Weidenmeise bis zum Steinkauz und Wiedehopf, für Mäuse, Wiesel und Spitzmäuse, Hornissen, Wespen und Fledermäuse, es entsteht Mulm für Käfer und andere Insekten. Moose, Farne, Pilze und sogar höhere Pflanzen wie Holunder, rote Johannisbeere, Himbeere, Eberesche und andere wachsen gelegentlich auf den Kopfweiden.

Regenwasser wird vor Ort verdunstet, statt sinnlos in die Kanalisation abgeleitet zu werden.

Es entsteht eine Fülle bizarrer Formen, die unkontrollierbar jeden Betrachter zu neuen Kreationen anregen.

Welcome at the willow age – willkommen im Weidenzeitalter.»

Joe Engelhardt

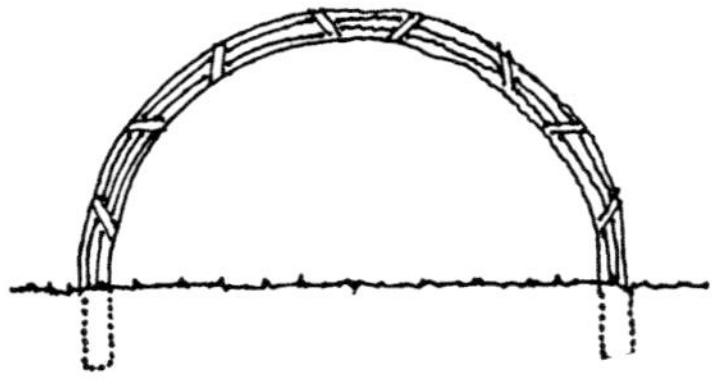

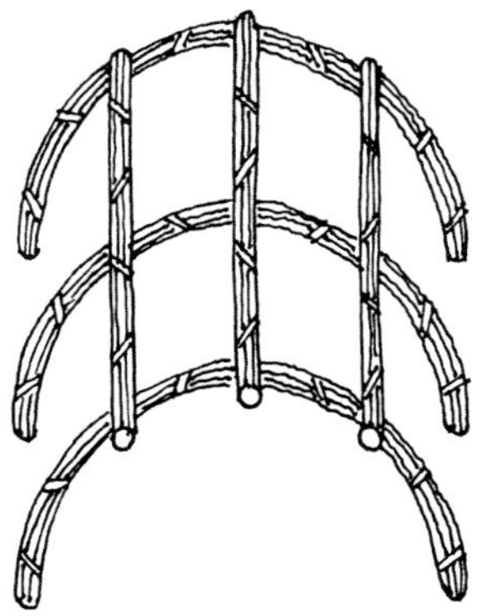

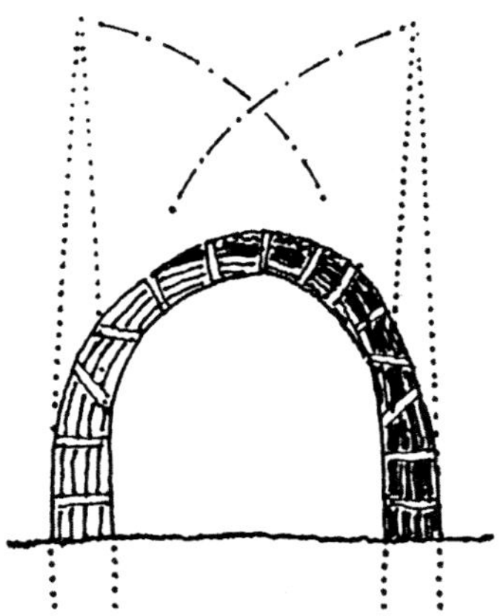

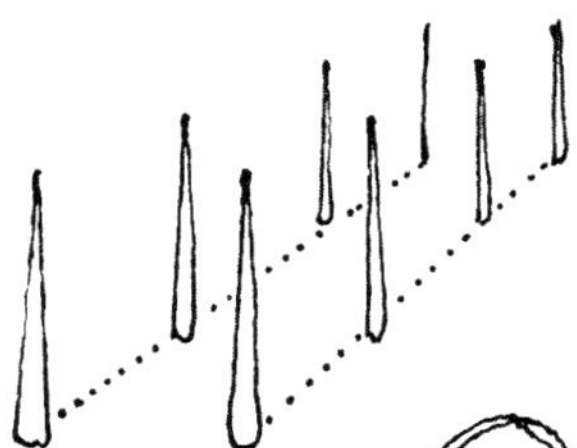

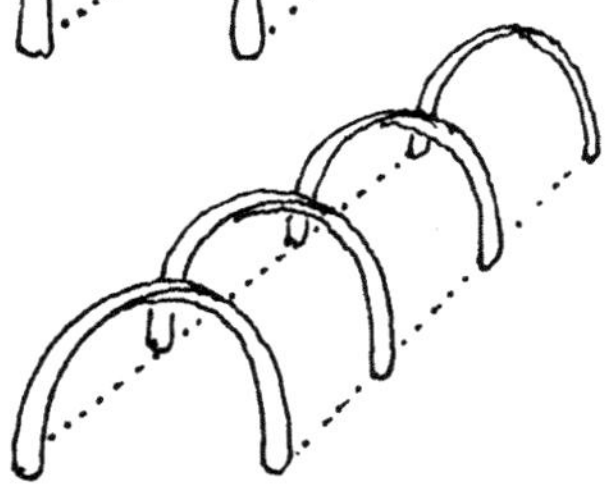

Schilf-Mudhif, Irak 1977

Das Mudhif

Architekturgeschichte in «Fast-Forward»: Vom mesopotamischen Schilfhaus vor 6000 Jahren zum Carport aus Weidenruten spannt sich ein großer, zusammenhängender Bogen. Wer die zeitgenössischen Naturkonstruktionen als Nischenarchitektur verniedlicht, übersieht, dass in ihnen die Urform menschlicher Baukunst kristallisiert ist. Was wir Architektur nennen, begann mit der Mudhif-Technik, dem Binden von Schilf zu stabilen, harmonisch proportionierten Bögen im Zweistromland, dem heutigen Irak, wo diese Technik auch heute noch angewandt wird. Das archaische Mudhif-Motiv inspirierte alle folgenden Generationen von Baumeistern, auch die Bögen der gotischen Kathedralen folgen dem gleichen Konstruktionsprinzip. Das Bauen mit gebundenen Weidenruten führt zu diesen Wurzeln zurück und schließt damit den Kreis, dessen Existenz die moderne Architektur uns vorübergehend vergessen liess, weil sie die eigene Herkunft vergessen hatte.

Nachbau aus Weidenruten 1988

Carport 1998

Regie: Sanfte Strukturen (Marcel Kalberer, Richard Geng) im Wald 7, Heggelbach 1988

Motiv

Carport 1988

I m p r o v i s a

Die Lebendbau AG der Fachhochschule Höxter ist ein freier Zusammenschluss von Architekturstudenten und -studentinnen. Was sie verbindet, ist, dass sie nach folgendem Plan und Konzept arbeiten: «Wir arbeiten ohne Plan und Konzept.» Ihre Konstruktionen entstehen zwischen Improvisation und Intuition im Dialog mit den Gegebenheiten des Ortes. Ideen für die reizvollen Lebendbauten erwachsen aus dem Humus von Zufall und konstruktiver Überraschung.

Bauwagenkuppel: Regie: AG Lebendiges Bauen (Patricia Saif-Fertowski, Ika Jaskowski, Maria Krahwinkel, Rolf Schulz, Knut Diekmann, Stefan Quoika, Bea Wollny, Heidrun Stern, Sonja Hörster, Rainer Kehrer, Axel Schubert, Jörg Kaspari, Konstantin Kirsch) Zeitdauer: 2 Tage Ort: Triesch 1993

i o n e n

Schneller Brüter: **Regie:** AG Lebendiges Bauen (Julia Abdal-Gawad, Julia Ostermann, Susanne Biewald, Antje Walter, Jan Hellwig, Rainer Kehrer, Jörg Kaspari) Veranstalter: Deutscher Werkbund NW (Walfried Pohl, Luzia Mayer) **Zeitdauer:** 3 Tage **Ort:** Gelände der Stadtgärtnerei Bonn 1998

Kletter monster

Überaus behaglich findet es das Ungeheuer, wenn man seinen Rücken krault … oder in seinen Schlund hineinkriecht.

«Beweggrund für den Bau des Klettertiers war meine Mitarbeit am Auerworldpalast. Meine Begeisterung am Klettern auf den Rutenbögen beim Zusammenbinden der Kreuzungsbündel wollte ich auch Kindern weitergeben. Die Gelegenheit bot sich an der Spielmesse 1998 in St. Gallen. Der Aufbau und Spielbetrieb des Klettertiers übertraf noch meine Erwartungen. Selbst bei Regen boten die vielen Bindungen und Ruten eine gute Kletterhilfe und Sicherheit, um die meist über 30 gleichzeitig aktiven Kinder unfallfrei ihrem Spaß und Abenteuer zu überlassen.»

Therese Vögtlin

Regie: Therese Vögtlin, Oberhelfenschwil **Mitspieler:** Flora Wirth-Kappeler, Toni Anderfuhren, WerklehrerInnen, Schüler von Jona, Jugendliche vom Sommerhof in Ganterschwil, Arbeitslose von St. Gallen und Uster **Zeitdauer:** 2 Wochen **Veranstalter:** Pro Juventute und Gartenbauamt **Ort:** Messegelände St. Gallen 1998

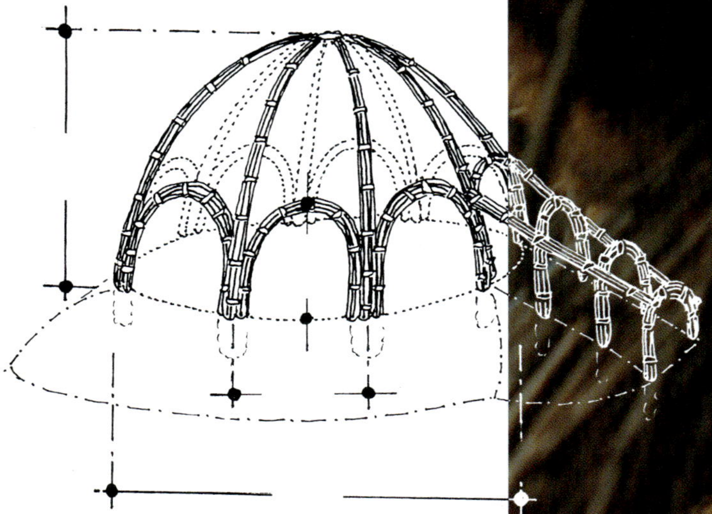

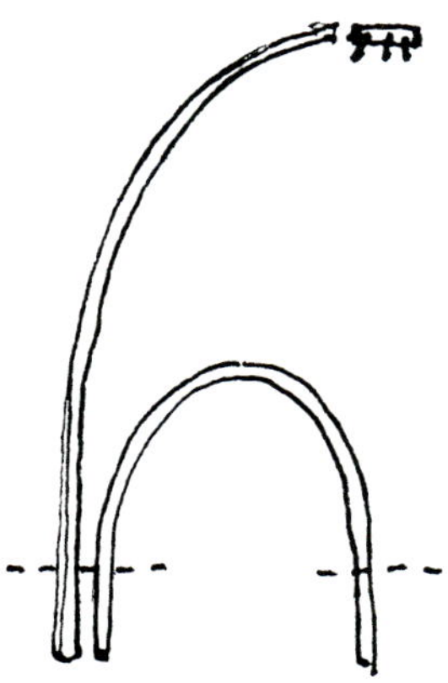

 Regie: Marcel Kalberer Mitspieler: 2 Asylbewerber aus Eritrea und Vietnam, 6 Mütter und die Frau des Bürgermeisters Zeitdauer: 2 Tage Veranstalter: Gemeinde Burgrieden Ort: Kinderg

Weidenburg

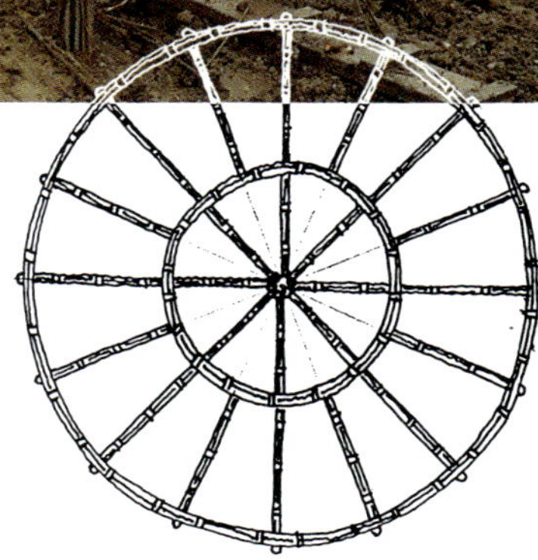

Spielkuppel mit Schilfdach 1991

Wir empfehlen bei allen lebenden Weidenwerken, den Wetterschutz in die Tragstruktur einzuhängen. So können die Triebe und Äste ungehindert darüber hinauswachsen.

Spielkuppel mit eingehängtem Segel, Immenstaad 1992

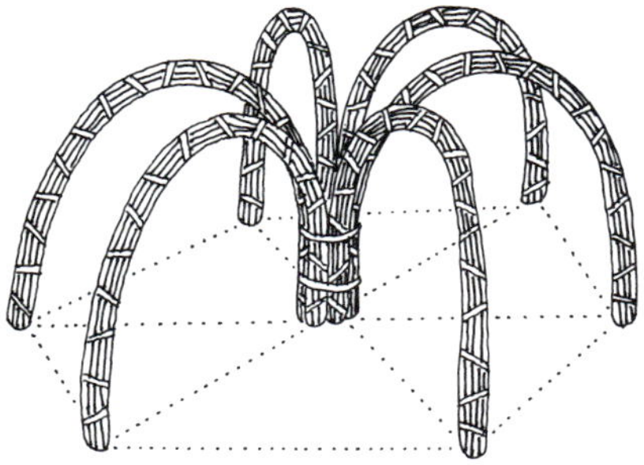

Spielbaum 1998

Spie

Suchbild: Die Billafinger Spielkuppel auf dem Bild von 1991 ist von jener auf dem Bild

Kuppeln

8 kaum zu unterscheiden. Dennoch haben wir 12 subtile Unterschiede eingepflanzt. Finden Sie heraus, welche!

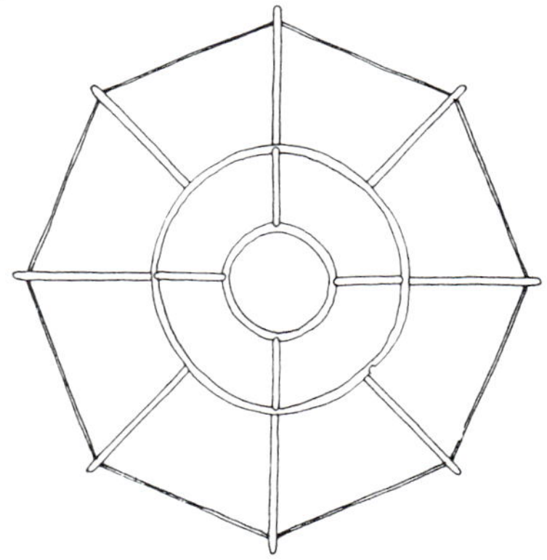

Regie: Marcel Kalberer Mitspieler: Eltern und Kinder des Kindergartens Billafingen Zeitdauer: 2 Tage Veranstalter: Marianne Roland (Landschaftsplanung) Friedrichshafen, Gemeinde Owingen Ort: Kindergarten Billafingen 1991

Blaudom

Wer in Ulm oder um Ulm herum – zum Beispiel auf der Blauinsel – einen Dom erbaut,
nennt ihn entweder «Ulmer Münster» (hier nicht im Bild) oder aber «Blaudom» (hier im Bild).

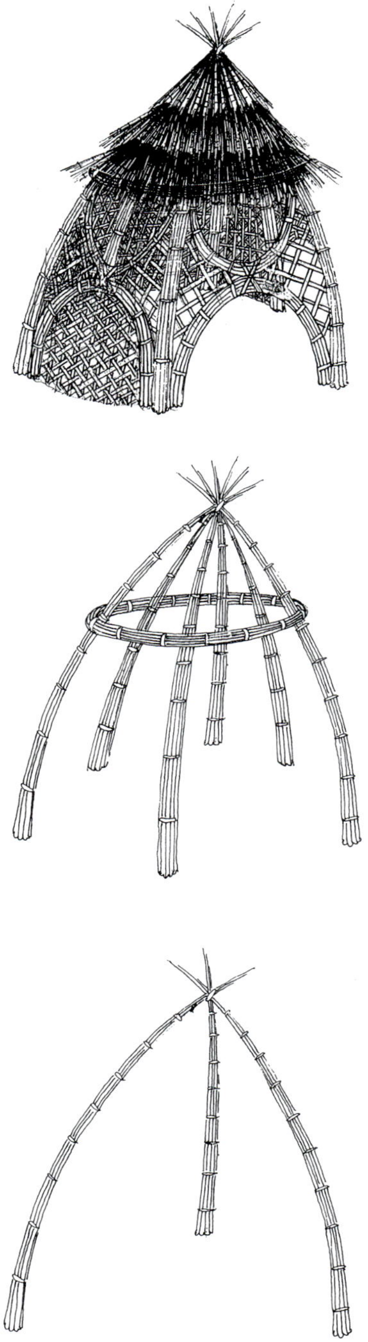

Regie: Marcel Kalberer Mitspieler: Klasse 6c der Elly-Heuss-Realschule, 4. Klasse der Friedensschule, 3. Klasse der Albrecht-Berblinger-Grundschule Zeitdauer: 4 Tage
Veranstalter: Fjutscha (Kontiki, Pipifax, Stadtjugendring) Ort: Blauinsel, Ulm 1996

Z w i e b e l n

Neuburgweier 1994

Königsbrunn 1990 Hohenschönhausen 1997

Regie: Marcel Kalberer Mitspieler: Betreuer, Eltern und Jugendliche des Heims für behinderte Kinder Fritz-Felsensteinhaus Zeitdauer: 2 Tage Ort: Königsbrunn 1990
Regie: Udo Lange Mitspieler: Fortbildungskurs für Erzieherinnen Veranstalter: Kindergartenfachberatung Ettlingen Ort: Katholischer Kindergarten Neuburgweier 1994
Regie: Katrin Kretschmar Mitspieler: Schüler der Grundschule Hohenschönhausen Veranstalter: Grün macht Schule, Berlin 1997

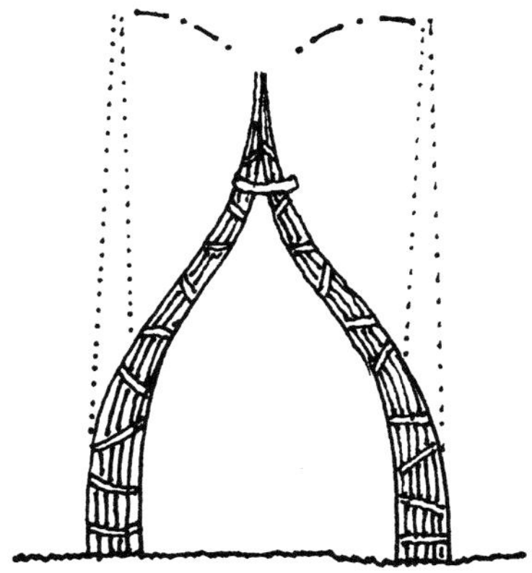

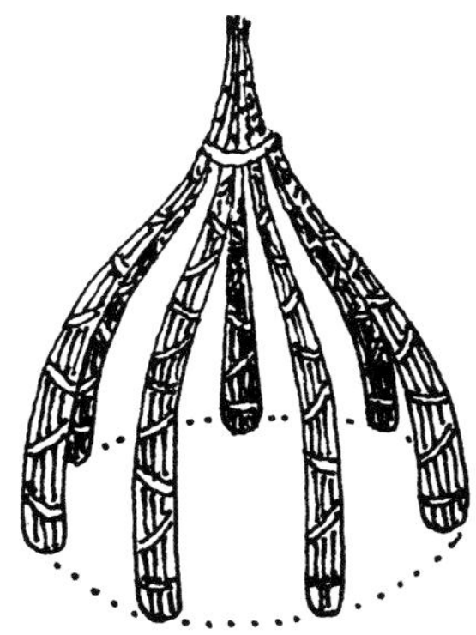

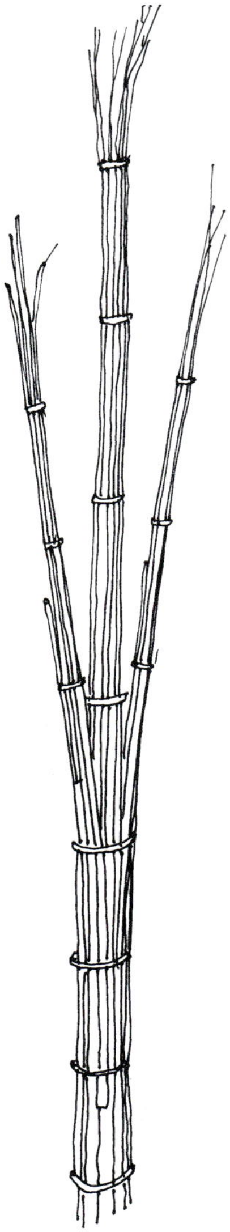

Zwiebel goes gothic 1997

Ein berühmter Baumeister aus dem Orient hatte eines Nachts einen Traum: Eine winzig kleine Zwiebel wuchs aus der Erde heraus, wurde größer und immer größer, hatte bald die Größe einer Moschee erreicht und erhob sich alsbald hoch in die Lüfte. Die Riesenzwiebel flog ins Land der untergehenden Sonne, flog über Berg und Tal und ließ sich schließlich oben auf einem Turm nieder. Als er am nächsten Tag erwachte, wanderte der Orientale gleich nach Bayern aus und begründete die Tradition der bajuwarischen Zwiebeltürme.

Stahlrohr wird umwickelt, 1996

9-mal Rutengabeln. Halbzoll-Stahlrohre als Formvorgabe werden von Hand um einen Baumstamm in die gewünschte Form gebogen.

Regie: Marcel Kalberer Mitspieler: Asylbewerber und Freiwillige aus der Gemeinde Zeitdauer: 2 Tage Ort: Öffentlicher Spielplatz, Burgrieden 1996

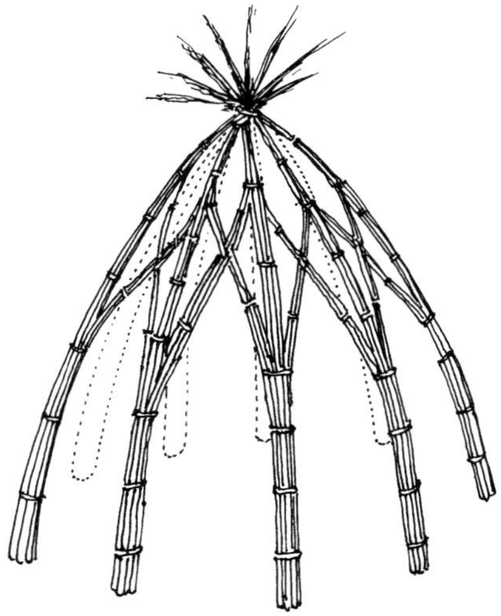

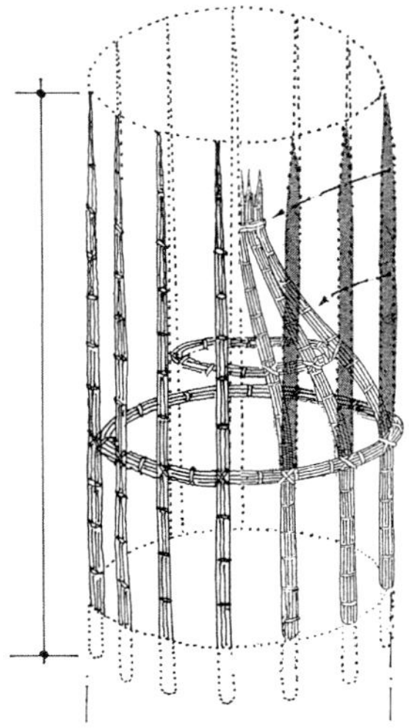

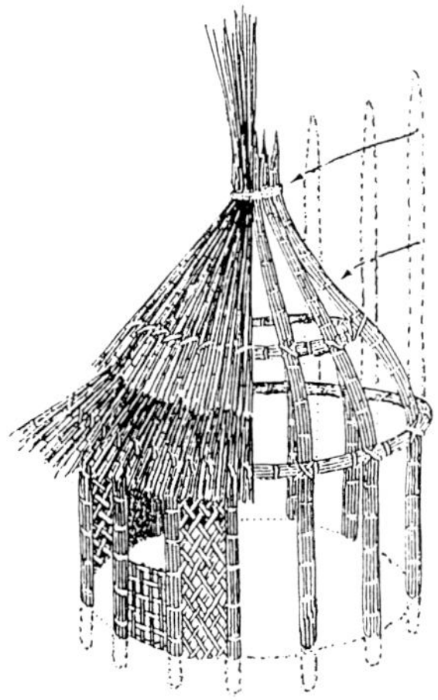

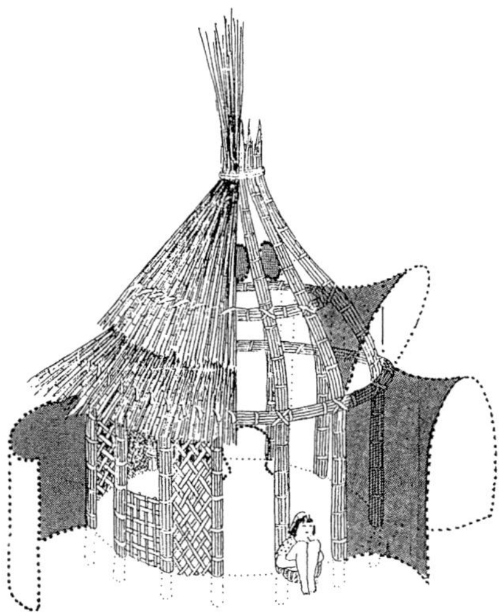

Praktischer Standfestigkeitsnachweis, Schorndorf 1993

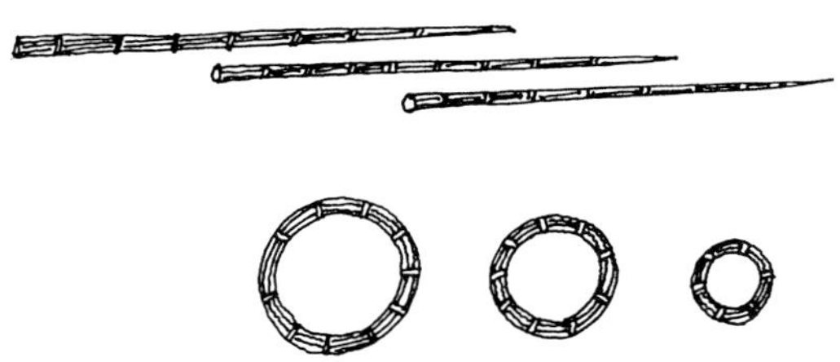

Eindeckung mit Rutengarben, Luzern 1993

Regie: Marcel Kalberer Mitspieler: Eberhard Abele, Uli Eisenbraun und Klasse 5a der K.F.-Reinhard-Haupschule Zeitdauer: 3 Tage Ort: Jakob-Raible-Anlage, Schorndorf 1993 (Lehrerfortbildung, Luzern 1993)

Haut um Haut wird die Bau-Zwiebel zusammengebaut.
Beachten Sie auch die kreisförmigen Zwiebelringe.

Grüne

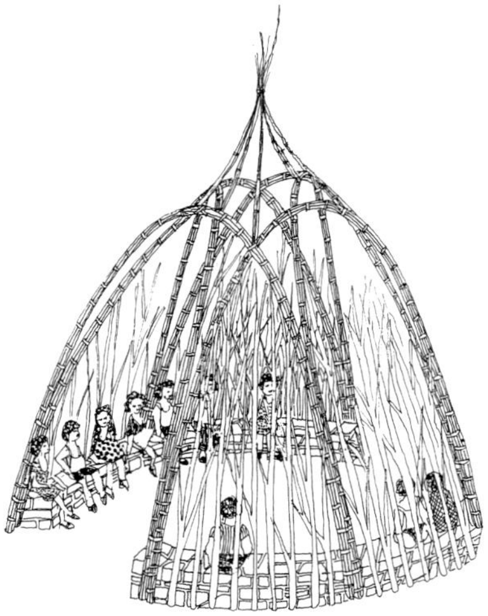

April 1998

4 Monate später im August 1998

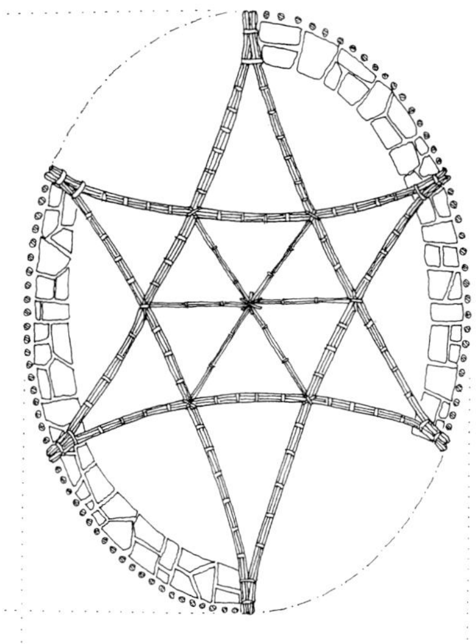

Regie: Marcel Kalberer Mitspieler: Gabriele Gollnow und Klasse 5a der Jules-Verne-Schule
Zeitdauer: 3 Tage Ort: Schulhof, Berlin Kaulsdorf Veranstalter: Grün macht Schule, Berlin 1998

Klassenzimmer

Mehr als in zubetonierten Internatsquadraten lernt man über das echte Leben im nach allen Seiten offenen Weidenschulhaus. Nachweislich wirkt sich die Kombination aus frischer Luft und Weidenblattgeraschel stimulierend auf die Lernlust von Lehrern und Schülern aus.

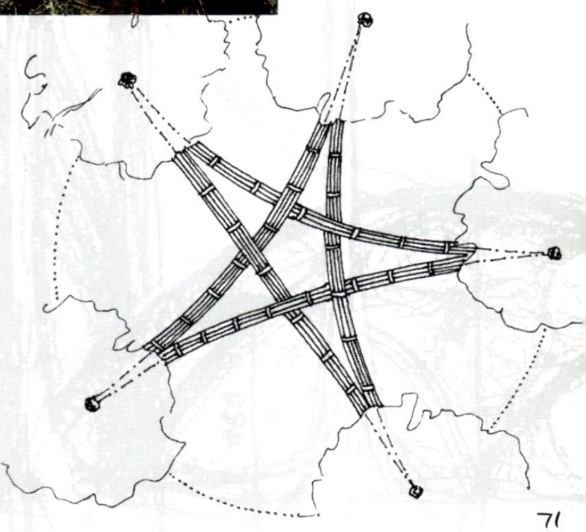

Bauaktion mit Freiwilligen am ZEGG, Belzig 1994

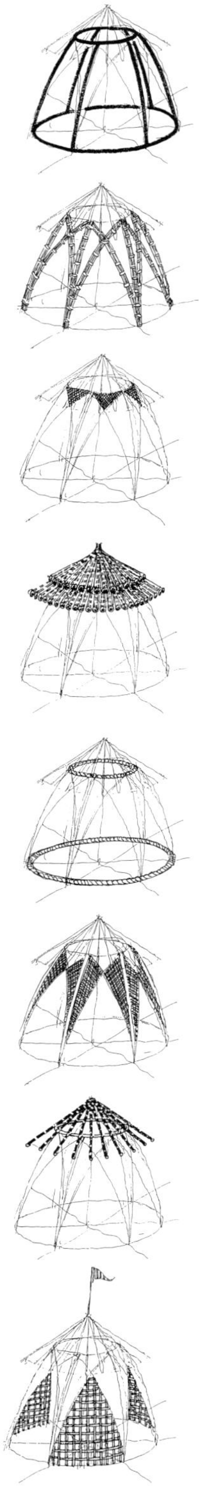

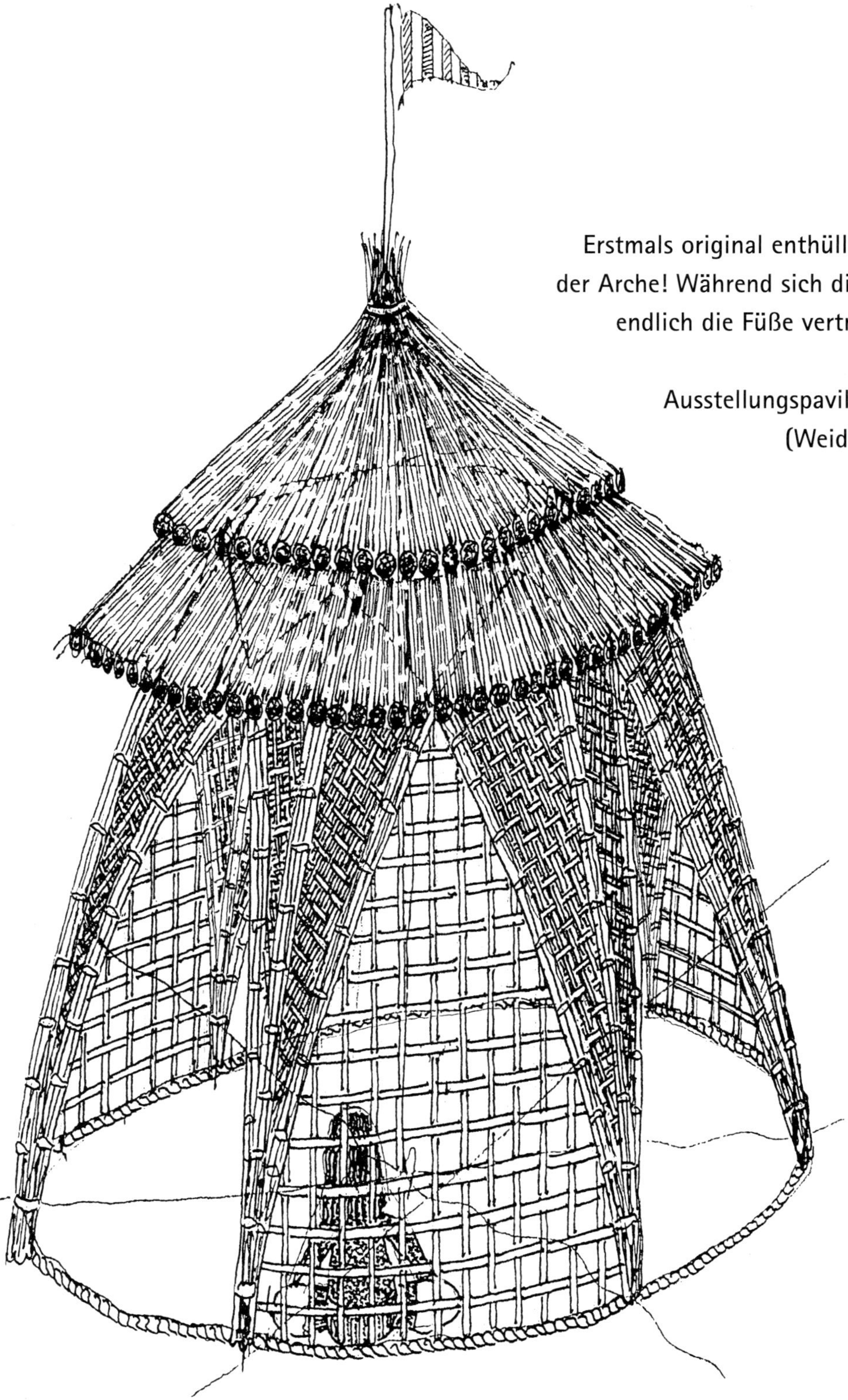

Erstmals original enthüllt: Noahs erstes Haus nach dem Anlegen der Arche! Während sich die Tiere auf dem neu entstandenen Land endlich die Füße vertreten können, erholt sich Noah in seiner Casa von den Strapazen der Sintflut.

Ausstellungspavillon aus verschiedenen Naturmaterialien (Weide, Hasel, Pappel, Bambus, Schilf, Binsen, Kokos, Hanf, Sisal)

Casa

Regie: Sanfte Strukturen (Anna Kalberer, Marcel Kalberer, Petra Evacic, Renate Müller) Produzent: Bagage, Pädagogische Ideenwerkstatt, Freiburg Ort: Wanderausstellung «Freiräume und Kinderträume» – über die Zukunft der Spielplätze, seit 1997

Noah

Vom Wolkenkratzer zum Rutenkratzer

Die oberen Büschel der Naturhochhäuser finden bei den Göttern als Rasierpinsel reißenden Absatz.

Ausblicke

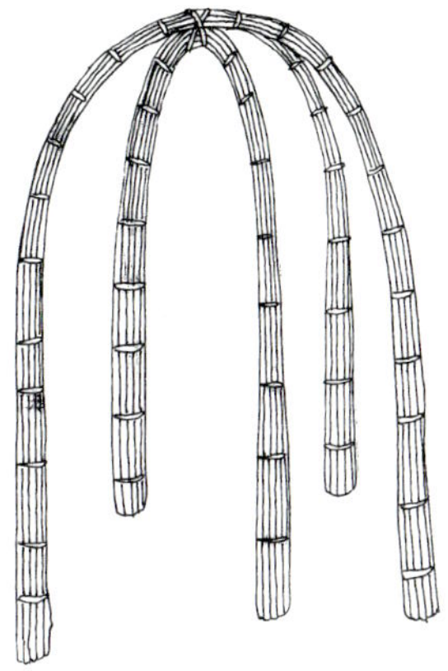

Tragstruktur

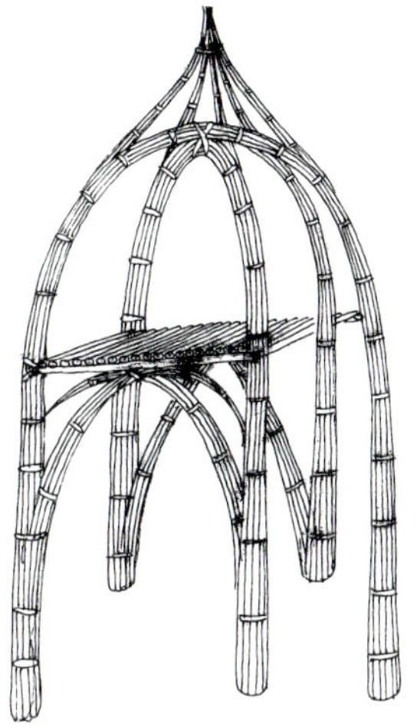

Lehmboden und Versteifung

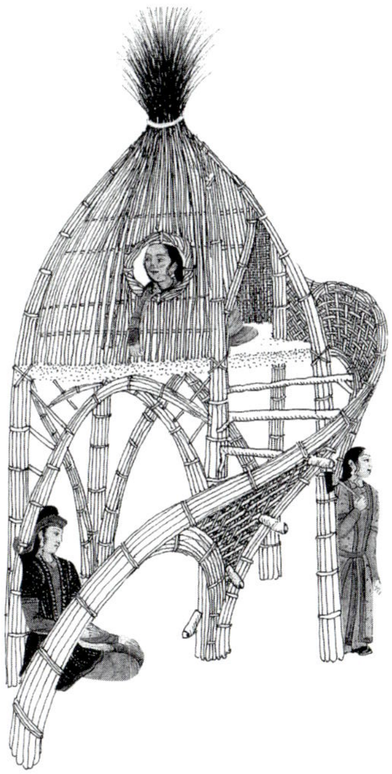

Endausbau mit Wendelklettertreppe

Zwistöckiger Kinderspielkratzer aus Ruten, Schilf und Lehm, mit Bambusrinden gebunden

Regie: Sanfte Strukturen (Marcel Kalberer, Jürgen Schablow) Mitspieler: Besucher der Internationalen Gartenbauausstellung Zeitdauer: 1 Woche
Veranstalter: Ulrich Osterhild, Ökologiezentrum der IGA, Stuttgart 1993

Weltenlaube

Babylonische Sprachenvereinigung: Asylbewerber, Urlauber und Weltenlauber bauen einen gemeinsamen Treffpunkt.

«In einer jeweils eine Woche dauernden Bau-Begegnungs-Aktion im Mai und September 1993 arbeiteten Erwachsene, Kinder, Jugendliche, Einheimische und Ausländer auf spielerische Weise zusammen und bauten gemeinsam die Weltenlaube. Beim Bauen und gemeinsamen Zubereiten der Mahlzeiten ergaben sich zahllose Gelegenheiten für Gespräche zwischen Anwohnern und Gästen, zwischen Bekannten und Fremden, es wuchsen nicht nur architektonische, sondern auch persönliche Verbindungen. Von den Anwohnern wurde sie als Treffpunkt, Brotzeitplatz und für Geburtstagsfeiern genutzt; für Schulklassen wurden in ihr Unterrichtsstunden und Gottesdienste durchgeführt. Vor allem Kinder identifizierten sich mit ‹ihrer› Laube, die ein sinnliches Symbol für das friedliche Zusammenleben mit anderen Menschen, für das Leben mit der Natur und die Bereicherung durch andere Kulturen darstellte.»

Peter Hohenauer

Idee: Info-Spiel e.V. (Peter Hohenauer) München Regie: Sanfte Strukturen (Dorothea Kalberer-Brenek, Marcel Kalberer, Jürgen Schablow) Mitspieler: Freiwillige Bürger und Asylbewerber, SchülerInnen der Grund- und Hauptschule Zielstattstrasse Betreuung: Bürgerinitiative «Miteinander Leben» Slevogtstrasse (Monika Reim), Katholische Gemeinde St. Joachim Zeitdauer: 2-mal je 1 Woche Unterstützung: Oikos Sinnenreich/Tage des Spiels, PA/Spielkultur (Heimo Lieblich, Wolfgang Zacharias, Helmut von Ahnen), Gartenbauamt der Stadt München, Förderung: Unesco und Fonds Soziokultur Ort: Südpark, München 1993

Tor!

Gekonnt überspringt

Torwart Ulrike die fußballfreie Intelligenz

einer botanischen Torheit.

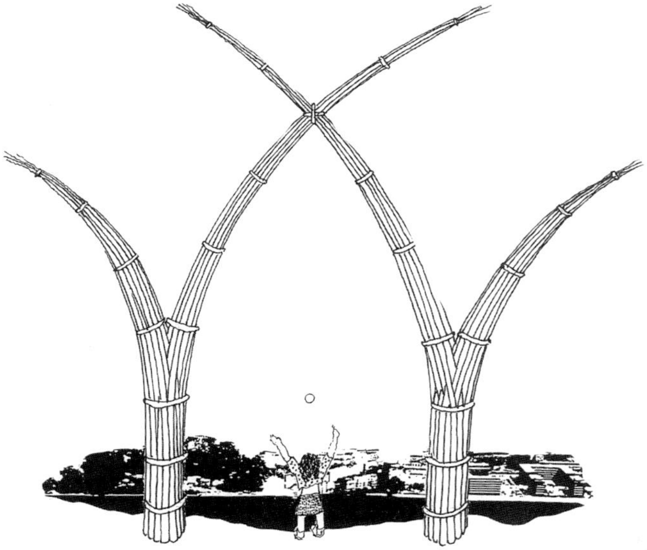

Tor zur Weidenarena (Projekt) in der Wasserstadt, Rommelsburger Bucht, Berlin (Expo 2000)

«Eine 5000 Quadratmeter grosse Versuchs- und Modellanlage für lebendiges Bauen mit vielen verschiedenen Objekten der Architektur, des Designs mit lebenden Systemen und der Natur-Kunst. Die Wildnis ist die erste Heimat des Menschen, die ihm gab, was er benötigte, für die er aber noch keine Gegengabe hatte. Wollte er der Natur formend begegnen, brauchte er den Garten. Er ist seine zweite Heimat, die er als ‹Paradies› aus der Wildnis aussonderte, das Paradies, wo er hegend und pflegend den Einklang mit der Natur suchen kann. Die Wildnis ist grenzenlos, der Garten braucht Grenzen, er grenzt einmal an sein Umland, zum anderen an das Haus. Diese Grenze kann aus Stein sein, eine Mauer oder eine Wand, der Garten kann aber auch selbst seine Grenze bilden, grün, gewachsen und lebendig.
Die ‹grüne Grenze› zum Umland ist seit alters der Hag, die Hecke, der lebende Zaun. Zum Haus hin kennt der Garten viele Grenzen, das Spalier, die berankte Wand, den Wintergarten, den Dachgarten, den Laubengang und die Laube, schliesslich das Gartenhaus – transitorische Räume, die Garten in Haus und Haus in Garten überführen. Aber der Garten kann sich dem Haus auch dadurch nähern, dass er selbst zum Haus wird, selbst Räume bildet, die sich gegen den Himmel, die Sonne, den Regen, abschirmen. Die Pflanzen weichen nicht mehr dem Stein, der Pflanzenpelz der Erde wird nur angehoben und zur Raumbildung erhöht, der Atem der Vegetation setzt sich fort, durch keine Versiegelung der Erde unterbrochen.»

Dr. Walfried Pohl

Eingangstor zum Technorama (Projekt), Winterthur 1994

Regie: **Marcel Kalberer** Mitspieler: **Luzia Mayer, Walfried Pohl, Christoph Laumann** Zeitdauer: **1 Nachmittag** Veranstalter: **Deutscher Werkbund NW** Ort: **Stadtgärtnerei Bonn 1996**

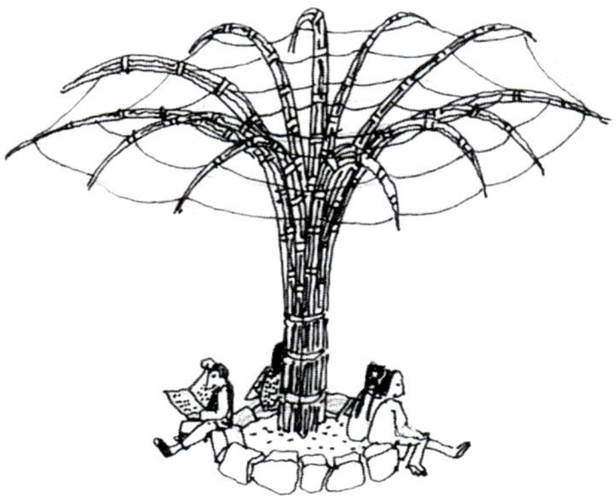

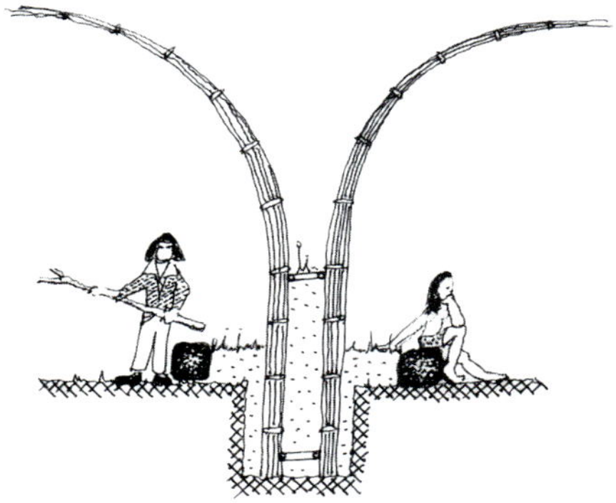

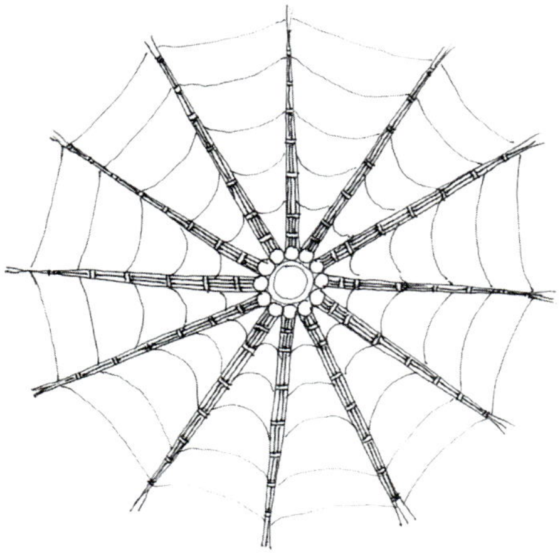

Luzia Mayer und Walfried Pohl unter dem Kunstbaum

Baumkunstbäume

Unwiderstehlich, aber schön.

Muss der Künstler verstehen,

was er tut?

Oder reicht es aus, dass er liebt,

was er macht?

Regie: Marcel Kalberer Mitspieler: Christoph Laumann, Luzia Mayer, Till Neumann, Walfried Pohl, Hans-Peter Rottler, Dieter Schwedes, Gottfried Trautmann Zeitdauer: 2 Tage Veranstalter: Luzia Mayer, Walfried Pohl, Deutscher Werkbund NW Förderung: Stadt Bonn und Ökologie-Stiftung NRW Ort: Stadtgärtnerei Bonn 1996

Kunstbaum

Im Rahmen dieses weltweiten Projekts der Expo 2000 in der Stadtgärtnerei Bonn sind bisher über 40 Naturkunststücke gepflanzt worden, so:
das Klangfeld von Barbara Francken,
ein Incontro con Pegaso von Laura Castagno,
die Regenspur im Sand von Gerta Fitzek-Kröll,
der Kistenturm von Rolf Glasmeier und Uwe Gelesch,
das Weidenpferd Iskadril von Günter Klarner, Nina Heinrichs und Luzia Mayer,

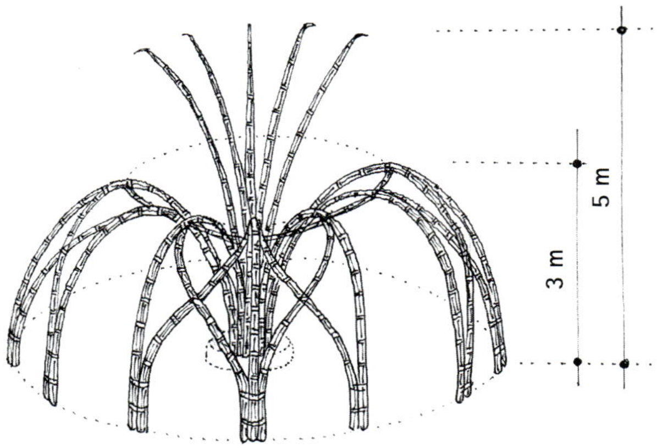

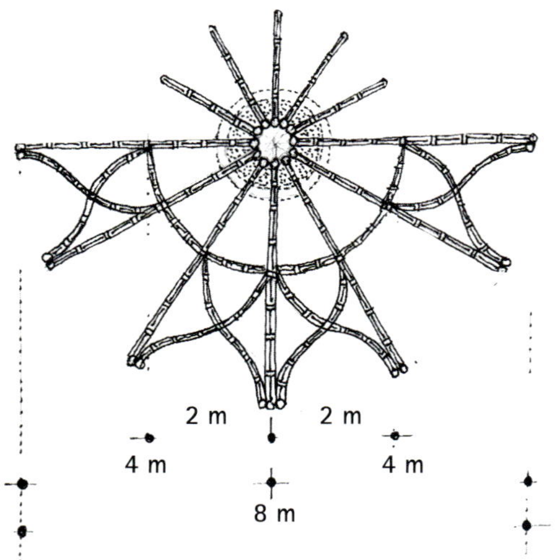

An der Grenze von Flora-Art und Fauna-Art: die Kunstbaumspinne tanzt Charleston.

pinne

Punkt, Punkt, Komma, Strich, fertig ist das Baumgesicht.

Baumkunstbaum und Tor! von Marcel Kalberer,
die Weidenmöhre von Christoph Laumann,
das Kräuterlabyrinth von Aerdna Schulenburg und Frauengruppe,
ein Fetisch von Mareille Schaumburg,
Kugelblitze von Veronika Moos-Brochhagen,
die Gesteuerte Sukzession von Georg Witter,
die Eisschale von Jörg M. Fehlhaber,
Pergolen und Rankgerüste von Jürgen Wulfkühler,
das Rock'n'Tollhaus von Dieter Schwedes,
der Schnelle Brüter der AG Lebendiges Bauen,
das Naturkaffeehaus von Heinrich und Marianne Weltzien,
eine Nistanlage für Wildbienen von Frank Täufer,
und es entstehen viele weitere mehr.

Regie: Marcel Kalberer Mitspieler: 5–10 Freiwillige Zeitdauer: 4 Tage Veranstalter: Kutscherhaus und Fritz Hilgenstock, Naturgarten, Hilchenbach Ort: Dressler Park, Kreuztal 1998

Arkaden

Ernte nach fünf Jahren

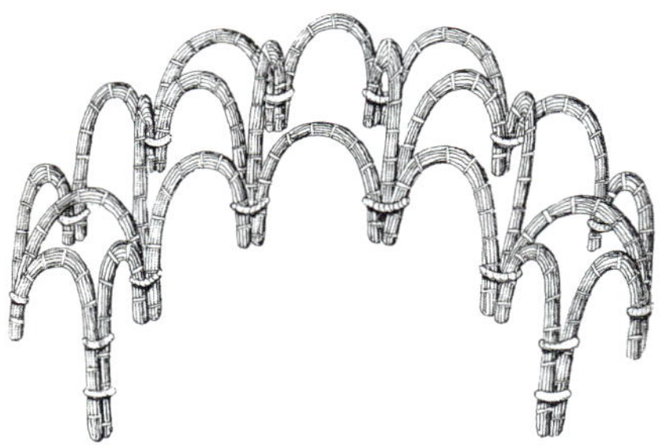

Perspektivische Ansicht

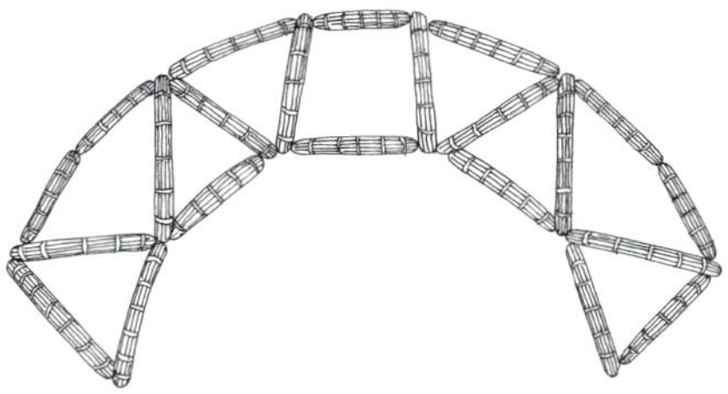

Grundansicht

Hier feiern Singles, Eltern, Kinder
im Frühling, Sommer, Herbst und Winter.

Regie: Marcel Kalberer Mitspieler: Eltern und Kinder des Kindergartens Zeitdauer: 2 Tage Veranstalter: Marianne Roland (Landschaftsplanung) Friedrichshafen, Gemeinde Owingen
Ort: Kindergarten Billafingen 1990

Wande

Wandelgang zum Deutschen Umwelttag, Mainufer in Frankfurt 1992

Die Entdeckung des Wandelgangs geht mit der Entdeckung der Langsamkeit einher. Die Lehrmeisterin des Wandelgangs ist die von der Leine losgelassene Schildkröte, deren majestätisches Dahinschreiten und Gleiten ein Höchstmaß an Besonnenheit zum Ausdruck bringt. Könnte es sein, dass ein solches Ensemble auch menschliche Spaziergänger wieder zur Grazie und zur Vernunft bringt, weshalb in seriösen Wandelgängen auch immer gleich ein paar Schmuseecken angegliedert sind?

Doppelstöckiger Wandelweg (Projekt Expo 2001, Schweiz)

jänge

Weidenlicht und Schatten

Wandelblütentunnel in Bangalore

Türme

Tige des milles Verges

höher ... höher ... Eine Turmbauaktion im Frühjahr (mit Pappelruten vom städtischen Gartenbauamt) weckt die Vorfreude und die Spannung auf das im Sommer geplante Rutendorf (Village des Nomades, Antwerpen 1993).

Botanische Raketoide,
solargetrieben.
Die Wurzeln dienen
als Tankschläuche.

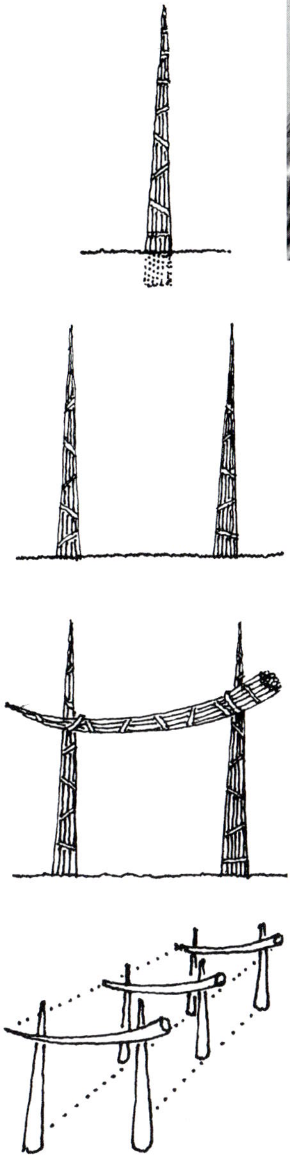

Die
zweck-
freie Errichtung
eines Weidenturms
dient einer Vielzahl
von guten Zwecken:

- man lernt den Wert und die Motivationskraft zweckfreien Schaffens kennen,
- man kommt dem Himmel näher,
- man verschiebt seine Grenzen nach oben,
- man genießt das gnostische Gruppenerlebnis.

Schon im März als Blickfang und «Teaser» gepflanzt, ist der Weidenturm ein idealer Werbeträger für die Sommerfeste, die dort ein paar Monate später folgen werden.

Zum Abschluss wurde im hohlen Kern des Rutenturms ein Rutenbündel teleskopisch auf die angestrebte Höhe von 20 Metern hochgehebelt.

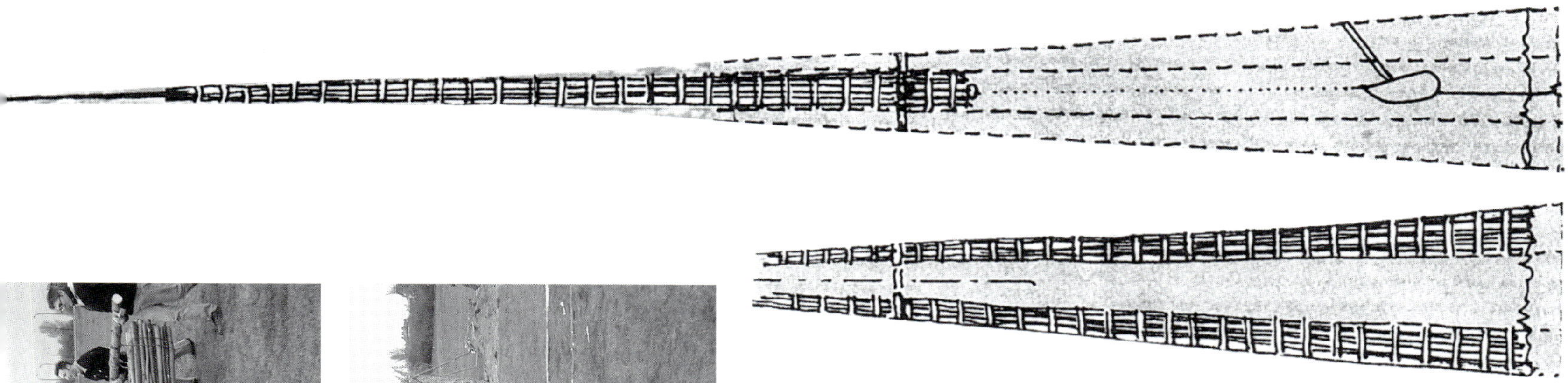

Regie: Sanfte Strukturen (Marcel Kalberer, Norbert Madlener, Bernadette Merx) Mitspieler: 20–30 Freiwillige aus Antwerpen Zeitdauer: 1 Woche Veranstalter: antwerpen 93 – Kulturhauptstadt Europas (Eric Antonis, Patrik de Groote, Dirk Arts) Ort: Konijnenwei, Antwerpen 1993

Gren

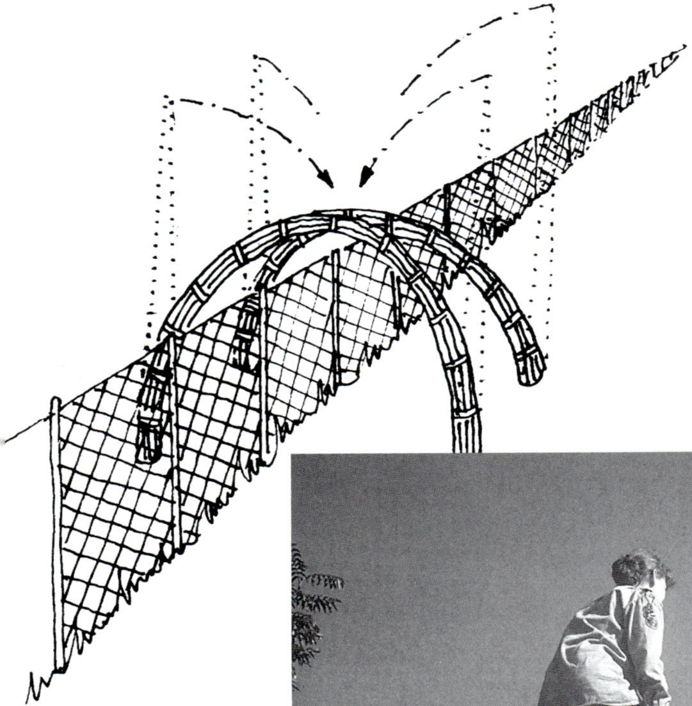

Früher wurden rund gehobelte Schlagbäume zur Markierung zwischen staatlicher Grenzen eingesetzt. Heute überwuchern Grenzbrücken die Trennungen zwischen hüben und drüben, die von der Vegetation sowieso stets ignoriert wurden.

Regie: Sanfte Strukturen (Marcel Kalberer, Geerd Claessens) Mitspieler: SchülerInnen aus Konstanz (D) und Kreuzlingen (CH) Zeitdauer: 4 Stunden Ort: Grenzzaun am See Veranstalter: Landeszentrale für politische Bildung, Urach

brücke

Wiechulas Brücke über die Ilm (1927)

Grünbö

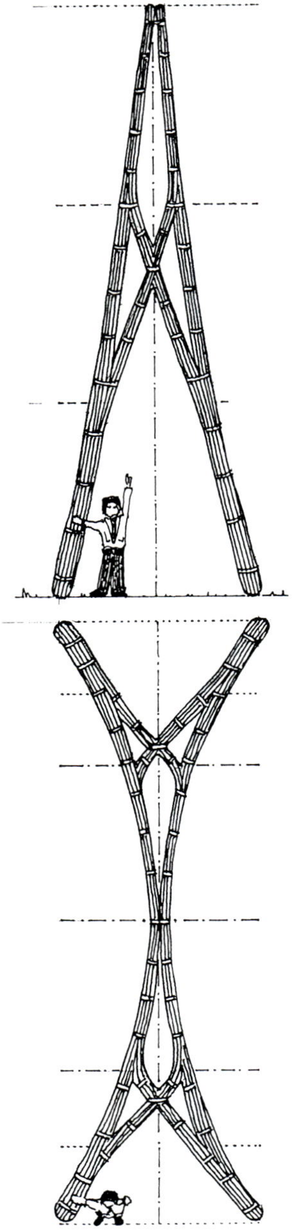

Am Frankfurter Mainufer platziert, schaut dieser optimistisch kühne Grünbogen hinüber zum Deutschen Architekturmuseum, welches eher misstrauisch zurückäugt.

Regie: Sanfte Strukturen (Marcel Kalberer, Gügi Eugster, Norbert Madlener) Ort: Mainufer «Riviera» Frankfurt 1992 Veranstalter: Art-Mobil/Deutscher Umwelttag

gen

Bühnen

William Shakespeare: «Das Leben ist eine Bühne!»
Marcel Kalberer: «Die Bühne lebt!»

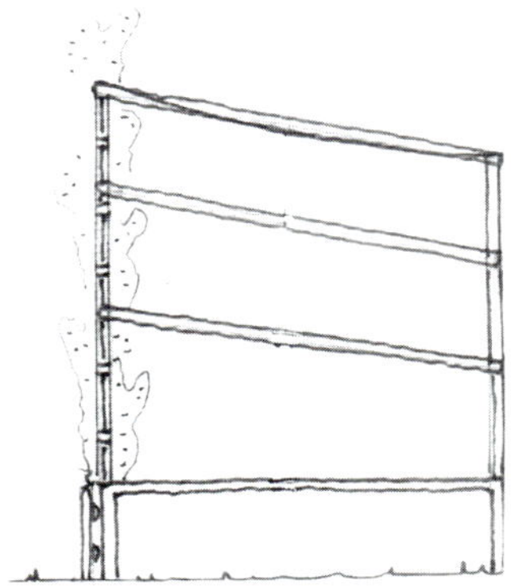

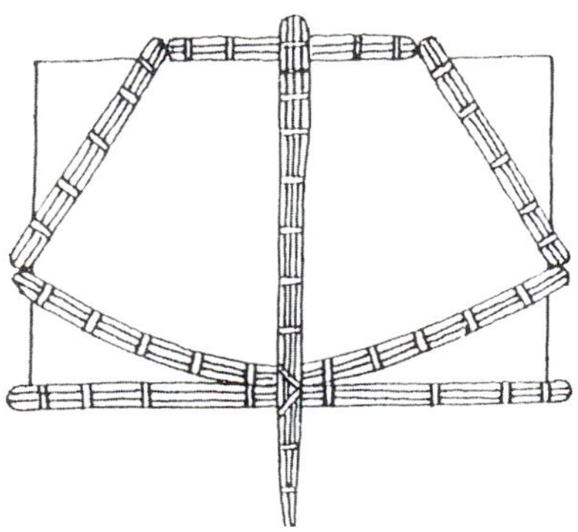

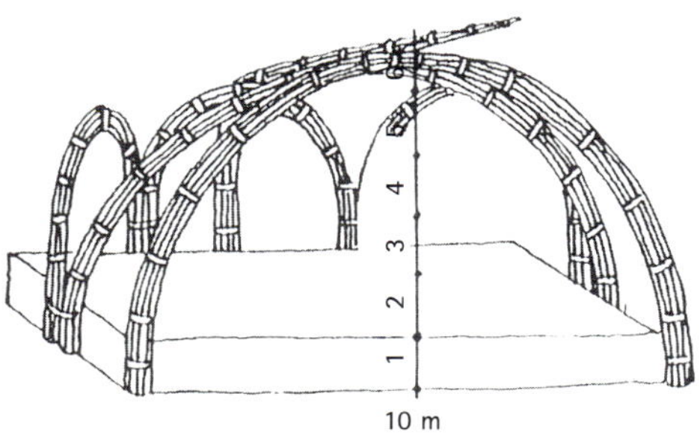

Sanfte Strukturen – Bühnen fürs Wuhrplatzfest in Langenthal (1988), für den Circus Travados in Unna (1991) und fürs S'PHINX't-Fest in Heggelbach (1995)

Werkhalle

Die Mudhif-Konstruktion vor dem Haus erspart den Zimmermann: Rutenbündelbögen ersetzen Leimbinder, weil sie viel besser anwachsen.
«Eine Gruppe arbeitsloser Mitmenschen wird zur Rutenbaufirma. Ernten, Sortieren, Bündeln, Planen, Auslegen, Bauen, Pflanzen. Bogen für Bogen wächst der Bau. Das Areal wird bald umgebaut. Die Stadt ist im Wandel – wir auch, darum zieht unsere Grünwerkhalle auf einen neuen, lebendigen Baugrund. Nach fünfwöchiger Trockenheit wächst er wieder an, treibt Blätter und Triebe und lädt zum unkomplizierten Miteinander und zur spielerischen Erprobung von Freiräumen ein.»

Toni Anderfuhren

Regie: Toni Anderfuhren, Spielträumer **Mitspieler:** Arbeitslose und Jugendliche aus Uster **Zeitdauer:** 2 Wochen **Veranstalter:** Elterngruppe Holzwurm, Uster, Pro Juventute, SWO-Projekt Landschaft, Abfallberatung, Ludothek **Ort:** Innenstadt und Abenteuerspielplatz Holzwurm, Uster 1998

Weidencafé

Biergarten x Kaffeehaus = Weidencafé. Ein Gastronomie-Etablissement, bei dem sich niemand beschwert, wenn ein Weidenblatt in der Suppe schwimmt.

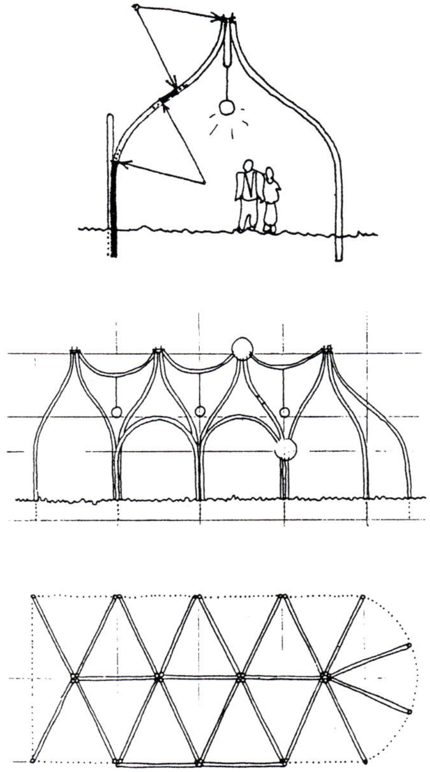

Stahlrohrstruktur, ummantelt mit Ruten

Regie: Sanfte Strukturen (Marcel Kalberer, Gügi Eugster) **Mitspieler:** ca.10 freiwillige Mitarbeiter der Gems **Zeitdauer:** 4 Tage **Veranstalter:** Kulturzentrum Gems (Helmut Bürgel), Singen 1990

Dorflaube

Die Entstehung des Festzelts aus dem Geist des Streiks. Den Vorlesungsboykott an der Universität verknüpften streikende Architekturstudenten mit einer Lektion in «architecture concrète»: Sie errichteten die Festlaube für das Dorffest in Heggelbach.

Regie: Marcel Kalberer, Konstantin Kirsch Mitspieler: 8 Architekturstudenten aus Stuttgart und Dorfbewohner Zeitdauer: 1 Woche Veranstalter: Hofgemeinschaft/Käserei, Familie Geng und Sanfte Strukturen, Heggelbach 1989

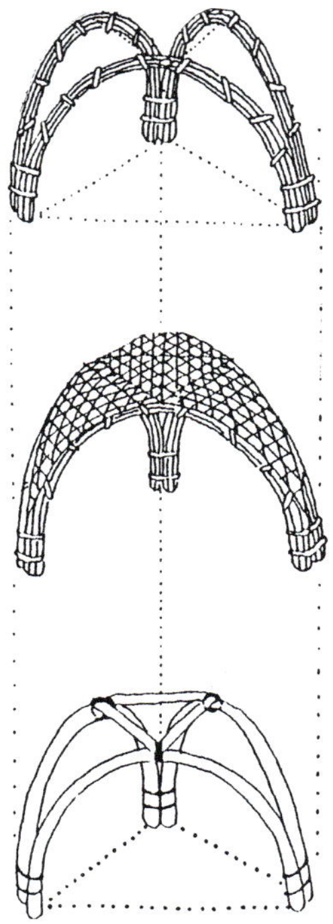

Grundelement

Biegen der Rutenbündel

Stadt

«Widewolke» – Festplatzüberdachung mit Bühne für das Wuhrplatzfest
(erstes Rutenwerk in Mudhif-Bündel-Technik)

Regie: Sanfte Strukturen (Dorothea Kalberer-Brenek, Marcel Kalberer, Norbert Madlener, Peter Sturm)
Mitspieler: 15–20 Asylbewerber und Freiwillige Zeitdauer: 1 Woche Ort: Wuhrplatz Langenthal
Veranstalter: Kulturzentrum Chrämerhus (Eugen Lüdi), Langenthal 1988

Micky

…oder die Kunst, ein Jahr lang auf dem Fleck zu sitzen, ohne das Hemd zu wechseln, und abzuwarten, wie einem die Weiden langsam zu Kopfe steigen.

Frühjahr 1997

Sommer 1998

Rutenbündel

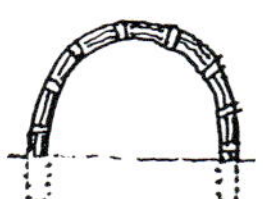

8 Halbbögen
8 m, ø 30 cm

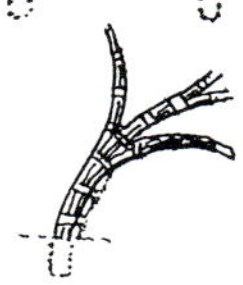

8 Viertelbögen
mit Verzweigungen
4 m, ø 30 cm

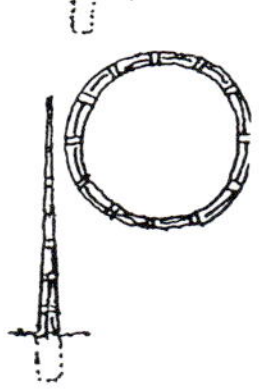

1 Ring
10 m, ø 20 cm

4 Mittelsäulen
5 m, ø 20 cm

7 m³ Weidenruten Gesamtmenge

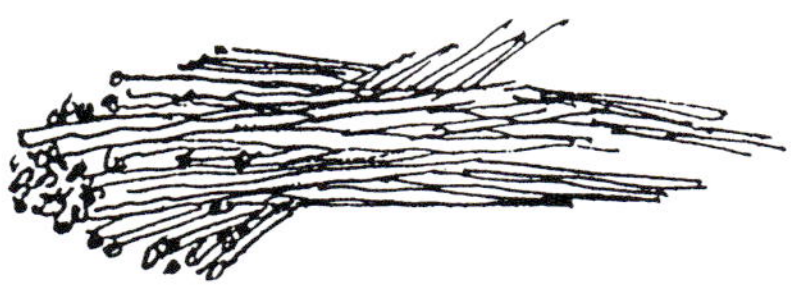

2–5 m lang; 1–6 cm dick

House...

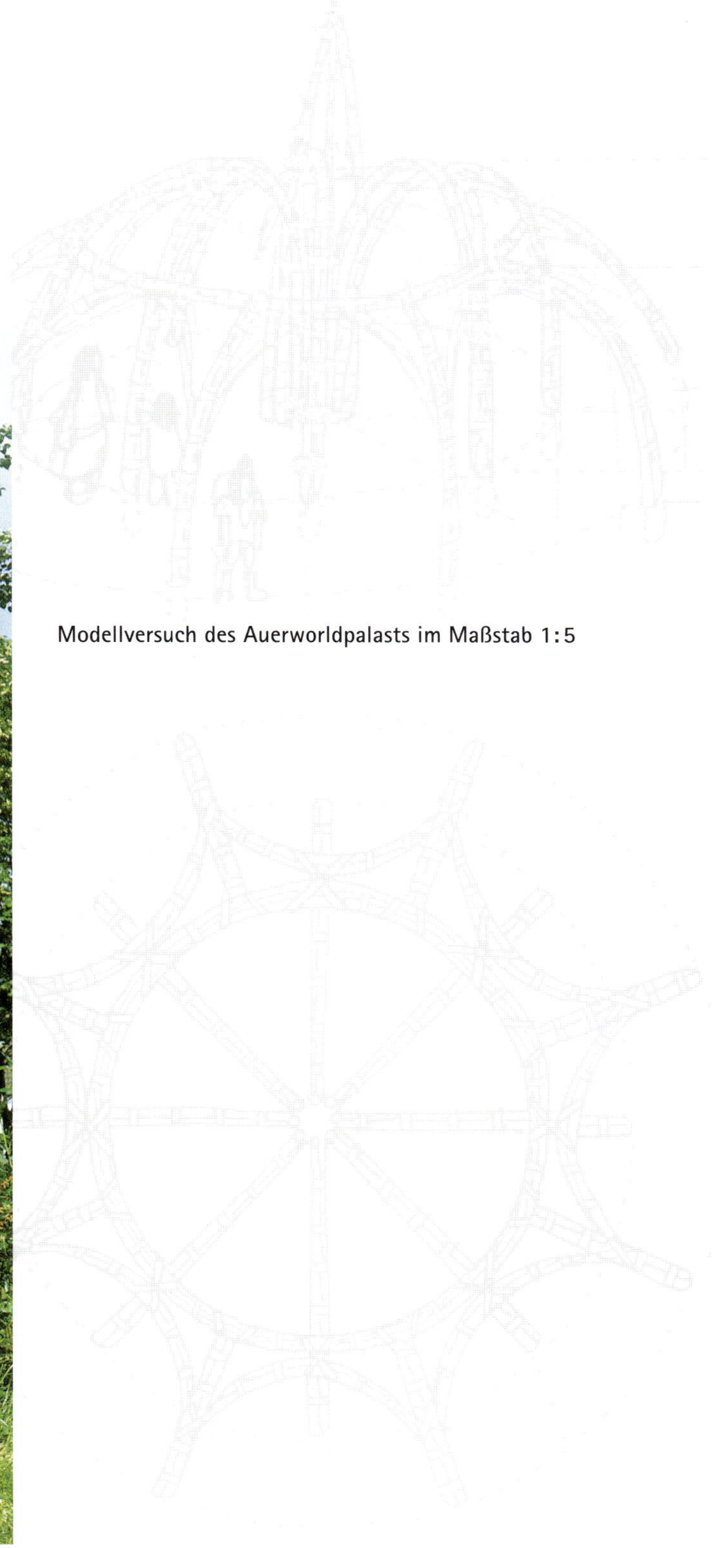

Modellversuch des Auerworldpalasts im Maßstab 1:5

Regie: Marcel Kalberer Mitspieler: Architekturstudenten der Bauhaus-Universität Weimar (Hans Peter Grossmann, Thorsten Ritter, Christian Schloh, Sebastian Schlunk, Tankred Schöll, Anne und Peter) Zeitdauer: 2 Tage Ort: Park im Klinikzentrum Bad Sulza Veranstalter: Klinikzentrum Bad Sulza (Klaus Böhm) und Förderverein Auerstedt (Micky Remann), Bad Sulza 1997

Vollmondnacht im Auerworldpalast

Auerworl

palast

Auerworld – die Entwicklung des Palasts aus dem Geist der Anekdote

Draufsicht, Blick vom Zeppelin

Für Auerstedt ist die Wiese zwischen Sportplatz und Emsenbach das, was für Bilbao das Guggenheim-Museum und für Berlin der Potsdamer Platz ist: Brennpunkt der neuen Weltarchitektur. Im Falle Auerstedts sogar Sinnbild des bislang kaum bekannten Genres «Kunst im öffentlichen Baum». Auerstedt? Einen Riesenreibach könnten Anbieter von Navigationshilfen machen, die eine schnurstrackse Route ins idyllische 506-Seelen-Dorf in Nordostthüringen ausweisen würden, aber so weit ist die Digitalisierung der Provinz nicht fortgeschritten. Noch sind die Sucher des Auerworldpalastes von Auerstedt auf das orthodoxe Entfalten von Straßenkarten angewiesen, sofern sie nicht auf der eingleisigen Nebenstrecke Großheringen-Sömmerda mit der «Pfefferminzbahn» – die heißt offiziell so, weil sie durch ein traditionelles Kräuterpflanzgebiet fährt – anreisen, um beim pittoresk verwaisten Haltepunkt Auerstedt – das Schild ist in altdeutscher Schrift gemalt – auszusteigen. Doch sollte man den Lokführer vorher bitten, wirklich anzuhalten, sonst rauscht er durch.

Einfacher ist Auerstedt in den Geschichtsbüchern zu finden, wo der Hinweis nicht fehlt, dass hier die Truppen Napoleons 1806 in der Doppelschlacht von Jena und Auerstedt über die Preußen triumphierten. Die Ruhe, die sich nach dem Sturm über Auerstedt legte, war nachhaltig und wurde auch kaum dadurch gestört, dass sportliche Auerstedter noch in den fünfziger Jahren mit in den Äckern ausgegrabenen Kanonenkugeln Kugelstoßen übten. Auch, dass Hitchcock kurz vorbeischaute, um sich für seinen Film «Psycho» inspirieren zu lassen, geriet wieder in Vergessenheit, und bei dieser Lage der Dinge wäre es möglicherweise geblieben, hätten nicht Bürgermeister und Gemeinderat nach der Wende gegen ein Gewerbegebiet in Auerstedt und für den sanften Tourismus in der Toskana des Ostens votiert und hätte sich nicht eine unbetrübte Ost-West-Riege aus Mythenmanagern und ABM-Kräften in einem Förderverein zusammengeschlossen, um mit dem Motto «Auerworld is Auerstedt» die Welt ins Dorf und das Dorf zur Welt zu bringen. «If you can make it in Auerstedt, you can also make it in New York.» Dort im fernen Amerika hat nämlich der Bürgermeister von Auerstedt Verwandte, die über Deutsche Welle TV nun regen Anteil nehmen am unaufhaltsamen Aufstieg ihres Heimatdorfes, denn es spricht sich herum, dass Auerstedt nicht nur ein Schlachtfeld, sondern ein Lebensfeld ist. Das alte Rittergut oder Schloß, 1806 Sitz des preußischen Hauptquartiers, wurde Schritt für Schritt saniert und beherbergt nun ein Heimatmuseum sowie Künstlerateliers und Festsäle für stimmungsvolle Heimat- und Weltkulturfeste. Eines der alljährlichen Auerworldfeste hieß zum Beispiel «Yellow Party» und tauchte ganz Auerstedt in die Farbe Gelb; ein anderes Mal fand im Rittersaal ein

Regie: Sanfte Strukturen (Dorothea Kalberer-Brenek, Marcel Kalberer, Eugen Lüdi, Bernadette Mercx) Mitspieler: ca. 300 Freiwillige aus ganz Europa: Abt. Ges. ÖKStadt-NGA, Frau Franke und Mitarbeiter Berlin; Bernhard Aggeler und Schüler der 3. Real, Oberstufenzentrum, Sargans (Schweiz); Johannes Augst und Helmut Kölleda/Auerstedt; Sabine Bechle, Heilbronn; Mark Biesenbach, Worms; «Fips» Inge Bletzinger, Heilbronn; Jonas Bogemans, Wilrijk (Belgien); Nona Böhm, Freiburg; Beat Breitenstein und Schüler des Internats zum Schlössli (Philipp Adam, Sam Kurt, Boris Weiss, Melanie Rorer, Nadja Haefeli, Simon Wolters), Ins (Schweiz); Heike M. Bus, Diessen/Ammersee; René Chyba, Dresden; Milena Datschew und Freund, Berlin; Birgit Deckert, Witten; Martin Deida, Hamburg: Matthias Eisfeld, Würzburg; Nicolas Elfvengren, Kopenhagen; Sonja El Waraki, Bonn; Steffi Eppelt, Leingarten;

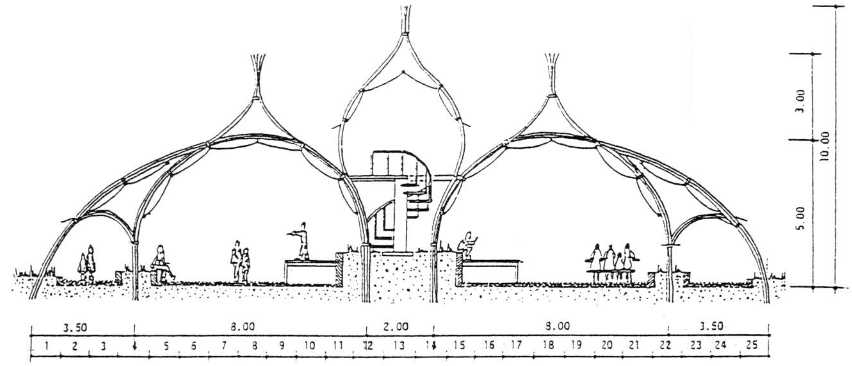

Schnitt

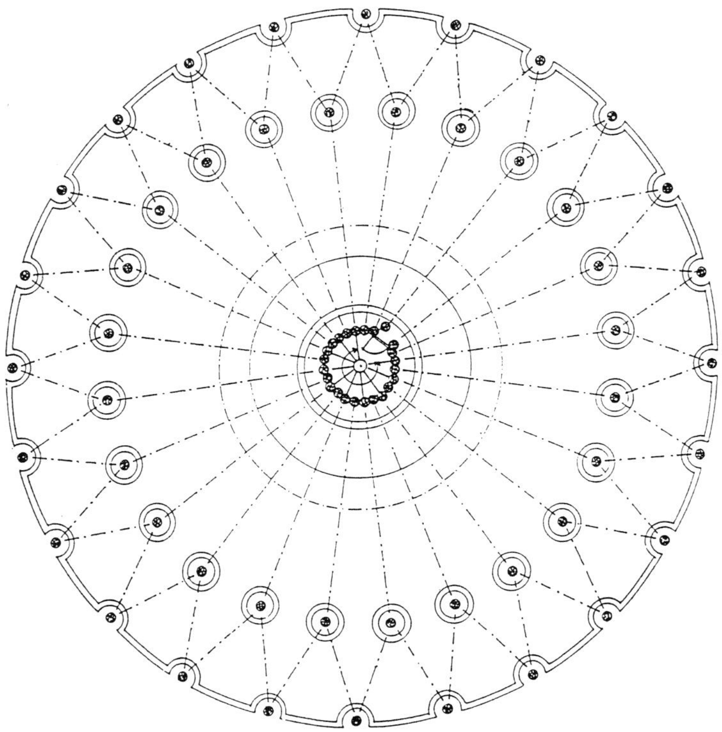

Grundriss

schamanisches Musikritual statt, im Jahr darauf folgte ein Tangokonzert mit Musik von Astor Piazzola.

Auerstedt also. Doch als der Denkmalpfleger des Kreises Weimarer Land, zugleich aktives Mitglied des in Apolda ansässigen Kunstfördervereins Apolda Avantgarde e.V. – denn wenn sich Weimar mit seiner Klassik brüstet, dann muss die Nachbarkleinstadt Apolda eben mit der Avantgarde Furore machen –, als der Kreisdenkmalpfleger einmal äußerte, man bräuchte im Apolda-Weimarer Umland eine ungewöhnliche Veranstaltungshalle für ungewöhnliche Veranstaltungen, da bezogen sich die Erwägungen erst einmal auf ein Zirkuszelt, ja, ein Zirkuszelt wäre nicht schlecht, man baut es 1999, wenn Weimar Kulturstadt Europas ist, zur warmen Jahreszeit auf und räumt es mit der kalten wieder ab. Allerdings wollte sich so recht niemand finden, der ein derartiges Zelt hatte beziehungsweise eins besorgen, geschweige denn finanzieren wollte. Das Projekt ruhte, bis Marcel Kalberer zu Besuch kam und vorrechnete, um wie viel billiger es sei, einen Festbau aus Weidenruten zu pflanzen, der hundert Jahre lebt, statt für drei Monate ein Zelt zu mieten. Außerdem würde es ihn, den Grünarchitekten Kalberer, immens reizen, einmal gebeten zu werden, ein richtig riesengroßes Weidenbauwerk zu errichten, eines, das das Maximale aus dieser Bauweise herausholt, statt immer nur Weidenarchitektur im Diminutiv zu pflanzen.

Dass Marcel und seine einfallsreiche Gruppe Sanfte Strukturen in großen Dimensionen zuhause ist, wusste ich seit 1988. Damals hatte ich ihn gebeten, für ein Unterwasserkonzert in Frankfurt am Main einen möglichst gigantischen Titanic-Rumpf herzustellen. Aus diesem sollten dann im Laufe der Vorstellung verschiedene tropfnasse Musiker gerettet werden, Trommler, Posaunisten, Trompeter, die, so der Inhalt des Schwimmbad-Stückes, seit dem Untergang der Titanic unausgesetzt weitergespielt hatten, und zwar eben unter Wasser. Die Veranstaltung war ein relatives Desaster, Marcels aufblasbare Titanic aber reckte sich beeindruckende 11 Meter hoch aus den künstlichen Wellen des Frankfurter Rebstockbades, und so wurden wir Freunde. Mehr Erfolg mit dem Konzept Unterwassermusik hatte ich dann im thüringischen Kurort Bad Sulza, 3 Kilometer von Auerstedt, 12 Kilometer von Apolda, 20 Kilometer von Weimar und jeweils ungefähr 230 Kilometer von Frankfurt und Berlin entfernt, und

Carola, Lars und Roy Fabian, Berlin; M. Alberto Fernandez Dieguez, Barcelona; M. Förs, Heiligenberg/Steigen; Yvonne Fröbe, Bad Sulza; Andrea Fürst und Kinder, Oberkirch/Ringelbach; Julia Glück und Josh Politt, Löffingen; Janet Haller, Auerstedt; Daniel Hamann, Stuttgart; Patrick Herzer, Stuttgart; Gabriele Hüttl und Familie, Unering; Ulrich Jarke, Berlin; Ulrika Jönsen, Stockholm; Kaspar Jòrgensen, Kerteminde (Dänemark); Frank Kande, Dalmenhorst; Agnes Keil, Southeim; Nickolaj Kilsmark, Holstebro (Dänemark); Verena Klar, Berlin; Manuel Klauser, Wolterslage; Lydia Klein, München; Sabine Klose, Aidlingen; Ulrike Köhler, Aspach; Regina Köllner, Auerstedt; Pia Köppe, Leipzig; Katrin Kotkowski, Wickerstedt; Winni Kramer, Weimar; Anja Kupferschmied, Auerstedt; Bettina Kühn, Kiel; Konrad Laade, Schöneiche; Hanspeter Lang, Belp (Schweiz); Daniel Lodemann, Weimar; Horst Machts, Auerstedt; Sylvia

natürlich wollte sich Marcel Kalberer diese «Liquid Sound» genannte Einrichtung zum Baden in Licht und Musik nicht entgehen lassen und kam zu besagtem Besuch. Mit dem Ergebnis, und hier finden wir zum Thema zurück, dass Auerstedt zwei Jahre darauf die größte internationale Invasion seit 1806 erlebte, diesmal aber friedlicher Natur, weil dort unter Marcel Kalberers Regie der größte Weidenbau der Welt gebaut wurde. In dem Zusammenhang eine wichtige Lehre gleich vorweg: Wenn du einen Palast bauen willst, kümmere dich zuerst um ein Modell, dann um die Bauplanung, dann um die Finanzierung. Den umgekehrten Weg zu wählen könnte das Vorhaben gefährden. Nachdem nämlich ein milliardenschwerer Weltkonzern die feste Zusage, den Palast mit satten Beträgen zu sponsern, kurz vor Baubeginn sang- und klanglos auf null zurückgefahren hatte, mussten wir mit der Anekdote fertig werden, dass schon 100 Anmeldungen von Bauwilligen vorlagen, die über diverse Netzwerke in der Schweiz, in Norwegen, Berlin und Stuttgart von dem Projekt erfahren hatten und ihr Kommen zum Teil in Schulklassengröße eingeplant hatten, wir als Veranstalter aber über so gut wie keine Mittel verfügten. Obendrein waren vom Christlichen Jugenddorfwerk Bad Sulza und der Agrargenossenschaft Rannstedt schon acht Wagenladungen mit Weidenruten aus der Umgebung geschnitten worden. Die einzig realen Fördermittel von der Ikea-Stiftung waren bereits ausgegeben oder verplant, einen Rückwärtsgang konnte es für das Projekt aber nicht geben. Also ließen wir folgendes Schreiben zirkulieren:
«Auerworldpalast-Paten gesucht
In Kürze geht es los: Das größte und schönste Bau(m)werk seiner Art entsteht im Weimarer Land, ein lebendes Festspielhaus für mehrere hundert Personen. Schon das in Auerstedt ausgestellte Modell hat viele Menschen fasziniert; Mitte April ist der filigrane Bau fertig und in voller Größe zu begehen. Doch ehe der Auerworldpalast in den Himmel wächst, müssen die Weidenruten in die Erde gepflanzt werden. Der Architekt Marcel Kalberer leitet das Gemeinschaftswerk, zu dem sich schon über hundert Helfer aus Weimar, Leipzig und Düsseldorf, aus Barcelona, Brüssel, Stockholm und Lausanne angemeldet haben. Einen Monat lang wird Auerstedt Schauplatz einer internationalen Bauaktion. Auerworld is Auerstedt.
An diesem Punkt wenden wir uns mit einer wichtigen Bitte an Sie: Die Palast-

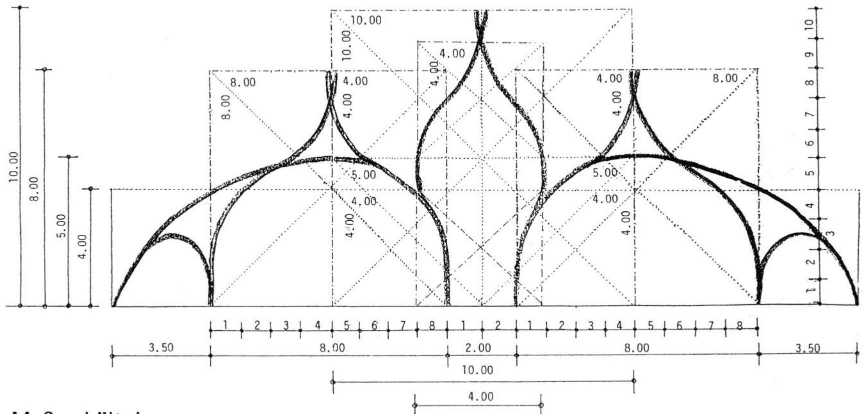

Maßverhältnisse

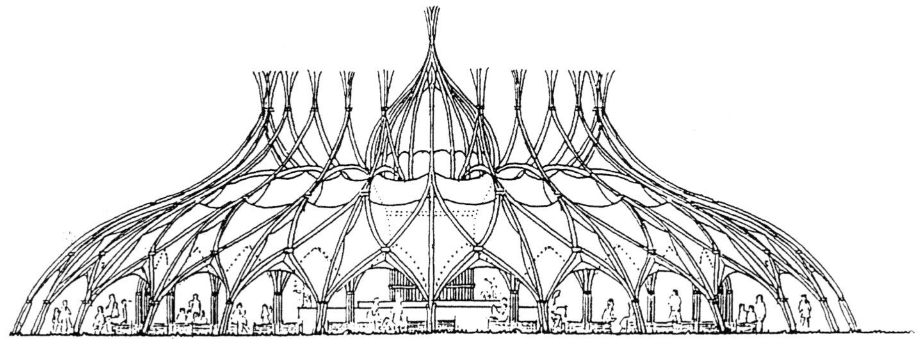
Ansicht

Modell im Maßstab 1:20 aus geschälten Korberruten, gefertigt von Anna Kalberer

Matthes, Rupperswil (Schweiz); Katrin Mayer, Apolda; Gerd Meijer, Hamburg; Patricia Montag und Klasse 9A der Hobrecht-Oberschule, Berlin Marzahn; Renate Müller, Dortmund; Julia Neufeld, Peine; Dr. Wilfried Neumerkel, Bendeleben; Gregor Nowotny, Aichach; Tanja Ott, Nürtingen; Eckehard Peter, Stuttgart; Anette Poth, Darmstadt; Schüler und Lehrer der Realschule Bad Sulza, Bad Sulza; Micky Remann, Bad Sulza; Anke Richter, Weimar; Thorsten Ritter und Studenten der Bauhaus-Uni, Weimar; Philippe, Jacky und Basil Rohner, Petit-Lancy (Schweiz); Sanfte Strukturen: Marcel und Dorothea Kalberer, Herdwangen/Heggelbach; Eugen Lüdi und Bernadette Mercx, Langenthal (Schweiz); Ulrich Samper, Kleinschwabhausen; Irene Scheda, Berlin; Bernhard und Beba Schirgel, Korschenbrioch; Petra Schlegel, Freidrichshafen; Stephan Schlüter, Schopfheim; Marion Schneider, Bad Sulza; Ulrich Schneider,

Baugruppe nach der ersten Arbeitswoche

bauer reisen auf eigene Kosten an und arbeiten ohne Bezahlung. Im Schloss Auerstedt erhalten sie freie Kost und Logis. Dies zu finanzieren übersteigt die Mittel des veranstaltenden Fördervereins Auerstedt. Wir brauchen die Unterstützung von Freunden und Förderern, damit wir den aus ganz Europa angereisten Bauhelfern drei ordentliche Mahlzeiten am Tag anbieten können. Bei vierzig Helfern müssen tägliche Unkosten in Höhe von 1000 DM gedeckt werden. Dies ist eine lösbare Aufgabe, wenn für den erfreulichen Zweck viele Portemonnaies geöffnet werden. Deshalb bitten wir Sie heute, eine Patenschaft für die Betreuung der Palastbauer zu übernehmen. Schon mit DM 25.– ermöglichen Sie einer Person, einen Tag am Auerworldpalast mitzubauen.»

Es wurde als gutes Omen gedeutet, dass die eintrudelnden Spenden und die Verpflegungskosten sich von Tag zu Tag in etwa die Waage hielten.

Kaum weniger mystisch als die Geldbeschaffung verlief die Standortfindung, denn ein schlecht platzierter Palast ist wie ein schlecht ziehender Ofen. Es war ein kalter, windiger und krähenumschwirrter Februarmorgen, als Horst Machts, Bürgermeister von Auerstedt, Klaus-Dieter Böhm, Präsident des Fördervereins Auerstedt e.V., Marcel Kalberer, Weidenbauarchitekt, und ich mit Anorak und Gummistiefeln über die von einigen altersmorschen Pappeln befreite Feuchtwiese stapften, die per einstimmigem Gemeinderatsbeschluss für den Palast reserviert worden war. Horst Machts («Hier ist die Mitte») stellte sich irgendwo hin, ich holperte mit einer 12,5 Meter langen Maßschnur («das ist der Radius») im Kreis um ihn herum durch Matsch und Pappelstümpfe (Marcel: «die werden integriert»), während Klaus-Dieter die Sache in fachmännischer Gesamtschau beurteilte («gut!»). Der Geomantie-Experte aus Weimar, der eigentlich mit dabei sein wollte, traf erst nach der rasch gefällten Entscheidung ein, konnte sie aber nach Begehung der Kraftfelder als geomantisch korrekt bestätigen.

Bald hatten die Auerstedter Schmiede nach Marcels Plänen eine Wendeltreppe gefertigt. Die sollte, für einen Bau wie diesen völlig logisch, auf dem designierten Mittelpunkt als Grundstein dienen, von dem aus nach und nach die gebundenen Weidenbögen radial gesetzt werden sollten. Dennoch rieben sich die durch Auerstedt fahrenden Pendler an jenem Morgen verwundert die Augen, als sie eine Horde bunter, junger Menschen sahen, die mit ein paar Auerstedtern in Blaumännern um eine frei in die Landschaft platzierte Wendeltreppe tanzten.

So ging es dann weiter: Jeden Morgen nach einer im Schlaf- und Rittersaal von Schloß Auerstedt klamm überstandenen Feldbettnacht tauten die Palastbauer in den beheizten Frühstücksräumen allmählich wieder auf und diskutierten Pressemeldungen wie: «Deutschlands ungewöhnlichstes Bauwerk» (Bild). «Nur 28 Tage Bauzeit für den phantastischen Palast» (Mitteldeutsche Zeitung). «Ein Akt der Schönheit aus hiesigen Weiden» (Allgemeiner Anzeiger Weimar Apolda) oder den folgenden Bericht der Thüringer Allgemeine: «Bei Auerstedt wächst ein Palast aus Weidenruten.

(kj) Ludwig Jürg stapft durch wadentiefen Schlamm. Immer wieder stoppt er, um mit einer Kokosschnur biegsame Weidenruten zu verknoten. Der 15-jährige Schweizer gehört seit Montag mit zu den Erbauern des Weidenrutenpalastes

Auerstedt; Tankred Schöll, Weimar; Claudia Scholz, Freising; Ina Schulenburg, Berlin; Renate, Dominik und Lisa Schuster, Aichach; Irene Schwidurski, Hasselförde; Maria, Evelyn und Nancy Setzpfand, Auerstedt; Ester Sommer, Messkirch; Rolf Sörensen, Worms; Ilka Suppanz, Köln; Robert Thöle, Schwarzach; Kornelia Köpel, Auerstedt; Herta Ulrich, München; Christine Unger, Osterode; Brigitte und Wolfgang, Lena und Annika Untersehr, Aichach; Je Vandenhoeck, Antwerpen; Erna Van der Stoppen, Berlin; Marton Varga, Budapest; Adrien und Therese Vögtlin, Oberhelfenschwil (Schweiz); Ulrike Wahl Reutlingen; Irina Wiemann und Freund, Jena; Rosemarie Wimmer, Wien; Thomas Bernth Woidemann, Valby (Dänemark); Erzebet Zimre, Dortmund; ... und alle fleißigen Hände, die uns unbekannt sind Zeitdauer: **1 Monat (von Vollmond bis Vollmond), Richtfest an Ostern 1998** Ort: **Am Pappelwald in der**

Aue vor Auerstedt Veranstalter: Förderverein Auerstedt e.V. (Bürgermeister Horst Machts, Geschäftsführer Micky Remann) Hauptsponsor: Ikea-Stiftung, Hofheim-Wallau, unterstützt und gefördert durch zahlreiche Firmen und Privatpersonen aus dem ganzen Landkreis Weimarer Land Künstlerische Beiträge: Auerweidenquintett: Jojo Bülde, Moritz Freise, Anna Kalberer, Markus Lang, Micky Law, Berlin/Bodensee; Franz Aumüller, Frankfurt/Main; Axel Brück and Friends, Berlin/Oderbruch; Frieder W. Bergner und Silke Gonska, Weimarer Land; Raul Böhm, Leipzig/New York; Juma Boos und Kira Sirakoff, Frankfurt/Inntal; DacDooDac, Naumburg; Jackie Daniels, Wächtersbach; Der Spyra, Kassel; Elster Silberflug, Herdwangen; Falk Zenker, Kapellendorf; Faltsch Wagoni, München; Ulrich Holbein, Allmuthshausen; Dorothea Kalberer, Herdwangen/Heggelbach; Kirit, Berlin; Birgit Lehmann, Frankfurt/Main;

von Auerstedt. Er und 22 Schulkameraden aus dem schweizerischen Sargans verbringen die letzten Projekttage ihrer Schulzeit in der ‹Toskana des Ostens› – bei Regenwetter und mit verklebten Gummistiefeln. In dem lebenden Festspielhaus werden 1000 Menschen Platz finden. Noch ist von diesen Dimensionen nicht viel zu sehen. Wie ein Fremdkörper steht eine stählerne Wendeltreppe mitten in der Flur. Doch die ersten Bögen für den Bau sind schon fertig. Architekt Kalberer: So ein Pionierwerk ist nur im Osten möglich. Bei uns ist alles Neue schon ‹gefressen›.»

Nach dem von Auerstedter Frauen kredenzten Frühstück ging es dann über den Dorfplatz zum Schmied. Dort wartete bereits ein Polizeiwagen darauf, die tägliche Prozession sperriger Stahlbögen zum Bauplatz anzuführen, mit den obligatorischen Kamerateams im Schlepptau des Blaulichts.

Ein warmes Mittagessen wurde in der Gaststätte Sportlerheim neben dem Fußballplatz serviert, wo nach Feierabend auch in Etappen geduscht werden konnte, bevor es im Schloss wieder Abendessen gab. Das Fußballspiel gegen die Schweizer Schüler konnte die Auerstedter Jugendauswahl für sich entscheiden, doch den tieferen Geist der Begegnung brachte ein Schweizer beim Verbrüderungsbier mit dem Trinkspruch: «Wir haben hoch verloren – aber es war eine schöne Niederlage!» auf den Punkt.

Mitote, Jena/Kapellendorf; Michael Reimann, Kirkel; Roland der Riese, Helmstedt-Bargen; Michael Röttger, Frankfurt/Main; Spy, Madagaskar/Brasilien/Österreich/Indonesien; Starsounds Orchestra, Herrsching/Freiburg; Tai Lüdicke, Heidelberg; Teilnehmer am Guildo-Horn-Ähnlichkeitswettbewerb, Auerworld; Linda Troeller, New York; Matthias von Hintzenstern und Tango Trio Indiscreto, Kühdorf; Anette Wirtz, Düsseldorf; ... und viele andere mehr

Das Bündeln und Binden zarter Weidentriebe und -ruten regte auch Verbindungen, Verknüpfungen und Verflechtungen unter den Menschen an, nicht zuletzt, weil viele Bauhelfer und -helferinnen in einem Alter waren, in dem grundsätzlich irgendjemand in irgendjemand anderen verliebt zu sein pflegt. Auch wurde berichtet, dass eine weißhaarige Auerstedterin in Kittelschürze aus einem Haus in der Unteren Dorfstraße einem hübschen jungen Weidenbauer nachgepfiffen habe. Eine andere drückte zwei Holländerinnen mit den Worten «Gott segne euch» Schokokekse in die Hand. Das Gemeinschaftswerk setzte einen gewissen raumgreifenden Zauber frei, der Appetit auf mehr machte. Ins pragmatische Tagwerk übertragen, formte sich daraus eine Woge der Hilfsbereitschaft, und Horst Machts und Marcel Kalberer hatten oft alle Hände voll zu tun, die Energieströme von Menschen und Maschinen zielorientiert ans Bauwerk zu lenken. Was von den vielen Schaulustigen (Marcel: «Je größer die Zahl der Zuschauer, desto höher das Ansehen der Schaffenden») gepriesen wurde, war der Arbeitseifer an frischer Luft und dass daraus trotz wenig geordnet wirkender Bauabläufe und gelegentlicher komödiantischer Intermezzi sichtbare Resultate erwuchsen, die dem Fortschritt auf einer regulären Baustelle in jeder Hinsicht Paroli bieten konnten. Mit jedem neuen Bogen gewann das

Weidenfestraum

Wachstumsprognose:

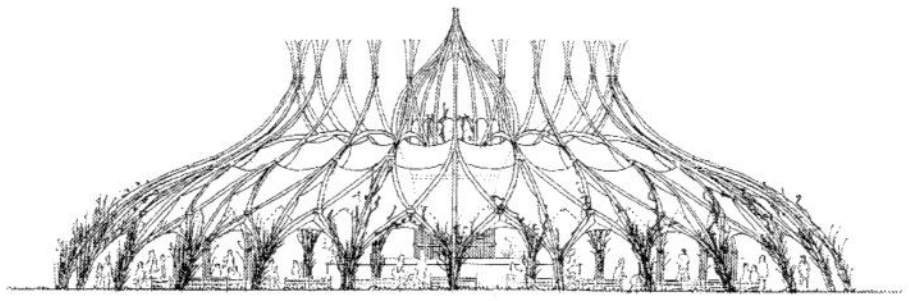

1998

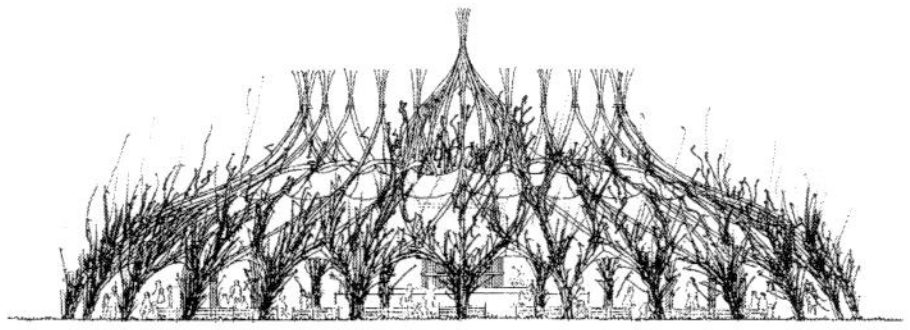

2001

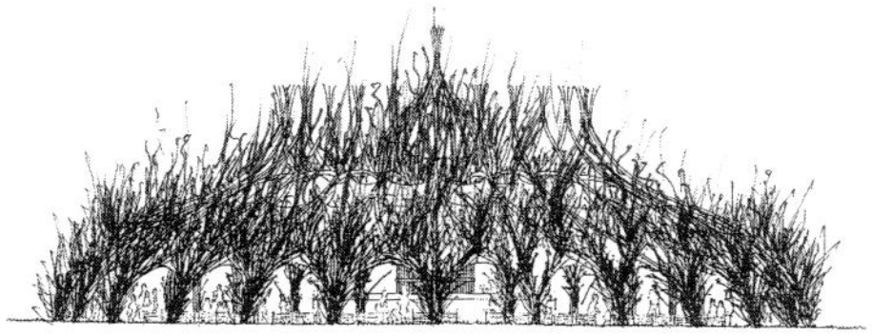

2003

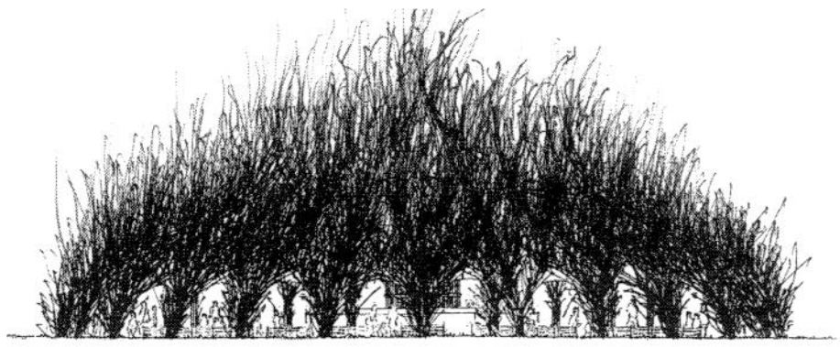

2007

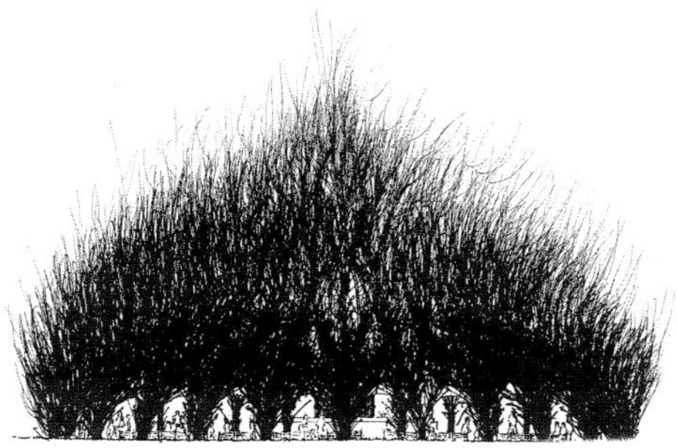

2010

Werk an Statur, vielleicht sogar an Ehrfurcht. Auch der Besuch eines Beamten aus der Baubehörde des Landratsamts in Apolda sollte daran nichts ändern:
Er stellte fest, dass Weidenruten baurechtlich nicht zur Klasse der eurogenormten Baumaterialien gehörten, weil man sie nicht im Baumarkt kaufen kann, und dass ihr Einpflanzen somit auch keiner Baugenehmigung bedürfe. Und selbst wenn es anders wäre, befand er kollegial, sei er sich sicher, dass die Statik der mehrfach verstrebten Rundbogenkonstruktion zu keinerlei Beanstandungen Anlass geben werde, und er wünschte Marcel Kalberer und allen Beteiligten noch viel Glück bei der Arbeit.
Zur Eröffnung am Ostersonntag – der Bau lag verzögerungsfrei im Plan – kamen trotz nasser, unfreundlicher Witterung über tausend Besucher zum Palast, suchten und fanden Ostereier, Glühwein, Live-Musik (u.a. mit dem «Auerweidenquintett») sowie einen Guildo-Horn-Ähnlichkeitswettbewerb, aus dem Marcel Kalberer als Sieger hervorging. Im zweiten Durchgang wurde der Verlierer prämiert, also wer dem Sänger am wenigsten ähnlich sieht, und diese Auszeichnung erhielt ein Hund. Sowohl er als auch Marcel wurden mit einer Nussecke geehrt, die sie brav verzehrten, denn da wusste noch niemand um das Ausmaß der Prozession aus selbst gebackenen Kuchen, mit denen die evangelische Gemeinde Auerstedt das Fest sponserte. Zuvor hatte eine Zimmerfrau auf Wanderschaft den Richtspruch gesprochen und die weiteren Zusammenhänge konnte man der Broschüre «Herzlich willkommen im Auerworldpalast» entnehmen:
«Kurz vor dem Jahr 2000 in einem nicht gerade vor Reichtum strotzenden Winkel Nordostthüringens überhaupt einen Palast zu errichten erfordert das Zusammenspiel von ungewöhnlichen Menschen und den Mut zu ungewöhnlichen Maßnahmen. Für beides erweist sich Auerstedt als idealer Standort. Warum gerade Auerstedt? Gegenfrage: warum eigentlich nicht?
Nun steht es da, das grünende Bau(m)werk, bei dem der Hausmeister zugleich der Gärtner ist, für alle offen, und wir sind gespannt, wie es im Laufe der Jahre und Jahreszeiten seine Gestalt verändern und wer es im nächsten Jahrtausend alles mit Leben füllen wird. Die zugleich filigrane und erdverbundene Struktur des Palasts ist nicht nur fantastische Architektur, die Art der Entstehung ist auch ein soziales Kunstwerk. Bei keiner Baufirma hätte man für Geld bekommen können, was den dreihundert freiwilligen, zumeist ungelernten Palastbauern aus nah und fern und jeden Alters unter der Regie von Marcel Kalberers Team in wenigen Wochen gelungen ist.»
Die Weide ist ein biegsamer, in jede Richtung wuchernder, enorm fruchtbarer Baum, der sich gegen magisch-spekulative Verflechtungen keineswegs sträubt, sondern diese geradezu hervorlockt und zum Sprießen bringt. Die Verbindung der Weide zur Hexentradition tauchte in den sich vertiefenden Palastgesprächen ebenso auf wie der Verweis auf das Aspirin, das erstmals aus der Weidenrinde gewonnen wurde.
Erweiterungspläne für den Palast wurden ruchbar: die Einspannung eines Innenzeltes aus lichtdurchlässiger Folie, um Sturm und Wetter fernzuhalten und regensichere Veranstaltungen mit sensibler Bühnentechnik zu ermöglichen.
Und wie wohl der Auerworldpalast nachts aussehen wird, wenn er erst mit in die Weiden eingearbeiteten Lichtleitern bestückt sein wird, die die Skelettstruktur mit farbig pulsierenden Lichtschläuchen nachzeichnen. Und wenn erst ein Zeppelin der neuen Generation beim Palast landet, und wie teuer wohl die schwebeleichte Rundfahrt zwischen Weimar und Auerstedt sein wird, und dass eine am Zeppelin montierte WebCam auf die überflogene Landschaft gerichtet sein wird, so dass die Bilder in Echtzeit im Internet übertragen werden und jeder am Monitor mitverfolgen kann, was die Passagiere im selben Moment live sehen: nämlich den in juwelenhafter Pracht schimmernden Auerworldpalast von oben.

Als es dunkel wurde, verzogen sich die Feiernden in den Keller von Schloss Auerstedt, während am Himmel der Aprilvollmond erschien, was uns, den Veranstaltern, einen willkommenen Anlass gab, auf die immer häufiger gestellte Frage, wann das nächste Fest im Auerworldpalast stattfinde, mit der wir uns aber bis dahin wegen anderer Prioritäten noch gar nicht beschäftigt hatten, eine spontane Antwort zu geben, die uns fortan aller Nöte der irdischen Terminplanung entheben sollte: beim nächsten Vollmond! Und beim nächsten und übernächsten Vollmond auch und so weiter und so fort, und diese Aussage wird so lange wiederholt, bis ihre Gültigkeit für die nächsten hundert Jahre außer Zweifel steht, weil uns sowieso niemand glaubt, dass Bau und Vollendung des Auerworldpalasts nicht nach der Mondphase geplant waren und trotzdem mit ihr harmonierten, und weil auch die Kulturstadt GmbH mit Brief und Siegel bescheinigt:

«Der Förderverein Auerstedt e.V. hat mit der Errichtung des Auerworldpalastes ein architektonisch einmaliges, in die Landschaft eingepasstes und zugleich aus ihr herausragendes Bauwerk im Kreis Weimarer Land geschaffen, das weit über die Grenzen des Kreises hinaus öffentliche Aufmerksamkeit auf sich zieht.

Die Nutzung des Auerworldpalastes bei den regelmäßig stattfindenden Vollmondfesten bereichert das Kulturangebot in dieser Region und verspricht, ein Publikum anzuziehen, das nach atmosphärischen und ästhetischen Alternativen zu herkömmlichen Kulturveranstaltungen sucht. Die Kulturstadt GmbH begrüßt die sich durch Kreativität und Originalität auszeichnenden Aktivitäten des Fördervereins Auerstedt und wird das Projekt ‹Auerworldpalast› als Beitrag im Rahmen der Kulturstadt Weimar 1999 ausweisen.»

Aber vielleicht führt die Betonung spektakulärer Festlichkeiten am Herz der Sache vorbei, vielleicht sind es gerade die stillen Palastmomente, die Meditationen zwischen Baum und Bogen, die nebligen Sonnenuntergänge in Technicolor, die einen Kraft schöpfen lassen an diesem schwingenden Ort, den sich Menschen, Vögel und Visionen mit großer Selbstverständlichkeit zum Nist- und Picknickplatz erkoren haben.

Micky Remann, Geschäftsführer des Fördervereins Auerstedt e.V.

Eine kleine Chronik

Die Geschichte der atlantischen Architektur

Atlantische Siedlung

Die gepflanzten räumlichen Gebilde und Gewächse, diese Bauwerke und Baumwerke aus Weiden, die uns neu und wie eine Blüte der Ökologiebewegung erscheinen mögen, sind uralt – nur im Kreislauf der ständigen Wiederkehr des Neuen immer wieder in Vergessenheit geraten.
Die weiteste Rückschau auf wachsende Häuser wagte Rudolf Steiner. Er beschreibt in der Akasha-Chronik die Siedlungsweise in Atlantis folgendermaßen: «In der atlantischen Ansiedlung war noch alles mit der Natur im Bunde (...) in den ersten atlantischen Zeiten glich eine Ansiedlung einem Garten, in dem die Häuser sich aufbauen aus Bäumen, die in künstlicher Art mit ihren Zweigen ineinander geschlungen sind. Was Menschenhand damals erarbeitete, wuchs gleichsam aus der Natur heraus.»

Umgekehrter Baum

Die handwerkliche Meisterschaft der Primaten im konstruktiven Umgang mit Ruten und Ästen, wie sie Nold Egenter in seiner Architekturanthropologie schildert, werden wohl die menschlichen Vorfahren noch zu überbieten gewusst haben.
Von den frühen Hochkulturen der Menschheit in China und Babylon und von unseren keltischen Vorfahren wissen wir um die zentrale Bedeutung, die den Bäumen in diesen Kulturen zugesprochen wurde. Der Baum als Symbol für das Leben und die Erkenntnis. Vishnu wurde unter einem Banyanbaum geboren, und Buddha erlangte die Erleuchtung ebenso unter einem Baum wie Adam und Eva die Erkenntnis. Kelten feierten unter Eichen und Linden. Bäume galten als Sinnbild der natürlichen Ordnung. Dagegen symbolisierte der umgekehrte Baum mit den Ästen auf dem Boden und mit den Wurzeln im Himmel – in seiner Gestalt dem Menschen ähnlich – den Menschen in seinem Widerstreit mit der Natur.
Solange Menschen im Zusammenspiel mit der Natur gestalteten, wussten sie auch die Formbarkeit der Bäume zu nutzen. Es lässt sich erahnen, dass die legendären Hängenden Gärten des Nebukadnezar in Babylon noch die absichtsvolle und vom Menschen mitgestaltete Baumwerkskunst beinhalteten. Ebenso haben unsere keltischen Vorfahren die Bäume und ihre Formbarkeit für die vielfältigsten Zwecke (Kulte, Versammlungen, Herberge, Schutz) zu nutzen gewusst.

Wohl noch aus diesen Zeiten hat sich ganz am Rande des abendländischen Geschehens bis ins 18. Jahrhundert der Brauch erhalten, Bäume, vornehmlich Linden, so zu gestalten, den Wuchs der Äste horizontal nach aussen zu leiten, dass in den Kronen nutzbare Räume erwuchsen. Mit aufgelegtem Bretterboden versehen, wurden diese Baumwerke noch bis ins letzte Jahrhundert als Tanzlinden und als Räume öffentlicher Zusammenkünfte genutzt. In wenigen Orten in Oberfranken und einigen in Thüringen sind 300 bis 1000 Jahre alte Zeugen uralter Baumwerkskunst heute

Tanzlinde in Ratibor

ebender Baumwerke

noch zu bewundern, wie die 60 Meter weite Tanzlinde in Effeltricht oder die Tanzlinden in den thüringischen Dörfern Sachsenbrunn, Breitenholz, Grossensee, Neustadt und Tabarz.

Unter den rodenden Römern und der christlichen Naturunterwerfung versank die Baumwerkskunst in Vergessenheit. Die Erinnerung an die hohe Garten baukunst der Frühzeit wurde im Orientalischen Garten bewahrt. Labyrinthe, Buchsbaumkuppeln, Obelisken und Irrgärten aus lebenden Bäumen, Figuren aus Blattwerk, blühende Arkaden und überwachsene Gänge wie im Generalife, dem Garten der Alhambra (1350). Sie wirkten befruchtend auf das Abendland. Ebenso wie die aus dem Orient zurückkehrenden Kreuzritter im Umfeld von Abt Suger. Sie wurden im Morgenland durch die blühende Gartenbaukunst angeregt, ihre konstruktiven Möglichkeiten durch die mesopotamische Schilfbauweise erweitert und mit babylonischen Fundstücken konfrontiert, so dass sie, kaum zurück in Nordfrankreich, florale Kathedralen aus Stein aus dem Boden wachsen liessen – schneller als die Bäume, die ihnen als Vorbild dienten, selber hätten wachsen können. Wie Vulkane eruptierten diese gotischen Kathedralen, ausgehend von der Île de France, über halb Europa, zum Schrecken der römischen Kurie.

Diese Kathedralen, steinerne Skelette aus Säulen, Rippen und Streben, filigran, leicht und elegant, bildeten den ersten abendländischen Ausbruch aus dem konstruktiv geschlossenen, schweren und materialintensiven Kanon der römischen Säulen, Träger, Kuppeln und Tonnen.

Als Steinimitate von Baumwerken zeugen diese «bäumigen» Kathedralen von der

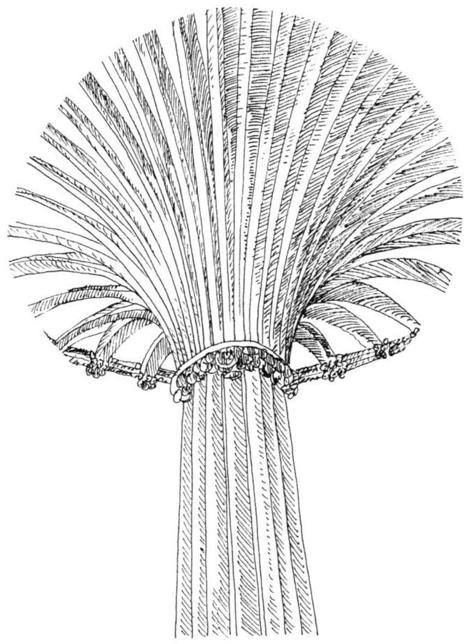

Kathedrale von Wells, 1319

Halls Weidenkirche

Sehnsucht nach der Formenwelt natürlicher Strukturen. Bis heute manifestiert sich diese Sehnsucht immer wieder in diesen gotischen Formen, wobei weniger das Naturimitat aus Stein erstrebt wird als vielmehr das wachsende Baumwerk, die lebende Kathedrale selbst. So erkannte der Schotte James Hall in der Gotik die architektonische Anverwandlung der Natur. Mittels eines praktischen Nachweises, der Aufzucht einer Weidenkirche aus Stecklingen (1786) verwirklichte er den ersten uns bekannten Lebendbau der Neuzeit. Das Grünwerk sollte seine Theorie bestätigen, dass die gotischen Kathedralen steinerne Nachbauten lebender Rutenbündelkonstruktionen darstellen.

Die Vision künstlich geleiteter Bäume, zur grünen Kathedrale erwachsend, zeichnete auch der französische Utopist Grandville (1844).

Weiterhin aber blieb das architektonische Gestalten mit lebenden Pflanzen auf die Gartenbaukunst beschränkt. So konnten die Baumwerke in der Renaissance und im Barock, wenn auch nur zu dekorativen Zwecken, in den Gartenanlagen ihre Pracht entfalten. In Form

Galeries de verdure, Marly (1680)

der mit verschiedenfarbigen Rosen überwachsenen leichten Gitterwerke, der überrankten Galerien und Arkaden, lebte die Erinnerung an die lebendigen Räume Arkadiens fort. Allen voran die «berceaux et galeries de verdure» in Marly (1680), die Laubengänge in den Parks der Nymphenburg (1715) oder von Schwetzingen (1755).

Der zweite Aufbruch in Richtung einer naturorientierten Gestaltung und Architektur nach jenem der Gotik bildete 700 Jahre später der Jugendstil. Auch er versöhnte sich strukturell und formal mit der Natur, die wieder als Vorbild und Baumeister anerkannt wurde. Mit den floralen Motiven aus Stahl von Hector Guimard an den Metroeingängen in Paris, dem rankenden Holzwerk Victor Hortas in Brüssel bis zu Antonio Gaudís fantasti-

Melvilles Baumwerk

Gaudís Sagrada Familia, Barcelona (seit 1903)

schen Gestaltungen in Barcelona erleben wir eine kurze Episode der wiederkehrenden Sehnsucht nach einer naturnahen Gestaltung.

Diese Rückbesinnung auf die Schönheit von Naturformen wurde in den USA von John Krubsak direkt umgesetzt. Er gestaltete seine Stühle nicht mehr wie Victor Horta nach pflanzlichen Vorbildern, sondern pflanzte Weidenruten und lenkte diese lebenden Stuhlbeine und Armlehnen während ihres Wachstums in die gewünschte Form (1906). Axel Erlandson begann 1919 in Turlack, Kalifornien, ausgehend von den lebenden Stühlen Krubsacks, Bäume miteinander verwachsen, sich durchdringen und verschlingen zu lassen. Diese bizarren lebenden Baumskulpturen, insgesamt über 70 Bäume, bilden seit 1947 den Tree Circus, eine beliebte Touristenattraktion in Scotts Valley.

Die Moderne, geprägt von Adolf Loos und Le Corbusier, vom Bauhaus und De Stjil, setzte sich vehement gegen diesen «sentimentalen Kitsch» durch, und auch die gläsernen Paläste und kristallinen Bergarchitekturen, organische und fantastische Architekturformen, wie sie von den deutschen Expressionisten in den zwanziger Jahren erdacht wurden, allen voran Wassili Luckhard, Wenzel Hablik, Bruno Taut und Hermann Finsterlin, fielen dem Diktat der Moderne zum Opfer. Die Versöhnung der Architektur mit der Natur und die Verschmelzung ihrer Formen sollte noch nicht sein. Es wird der vermeintliche Gegensatz von Mensch und Natur, Kultur und Natur, speziell in Kunst und Architektur gepflegt.

Es muss einst ein grossartiger Akt gewesen sein, aus der Naturverbundenheit des

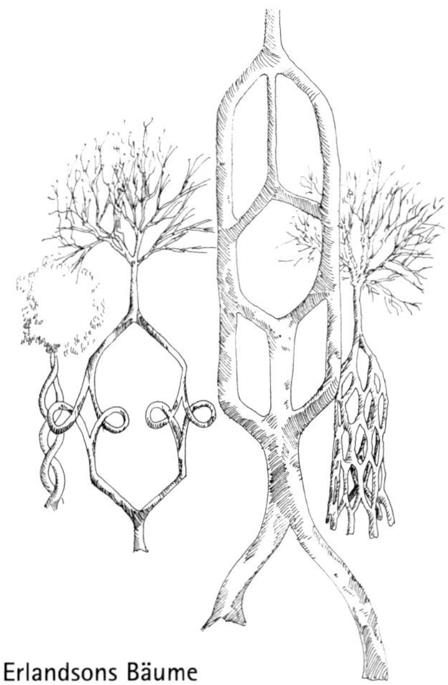

Erlandsons Bäume

Wohnhaus von Wiechula

primitiven Menschen herauszutreten und die Architektur der Natur gegenüberzustellen: weisse Würfel in der Landschaft. Ökologische und soziale Probleme legen uns aber nahe, diese Überheblichkeit zu hinterfragen. Der Architektur der Architekten wird einmal mehr Naturarchitektur gegenübergestellt – eine «architecture without architects» – das natürliche und intelligente Bauen und Wachsen, das von jedermann und -frau angegangen werden kann.

Einen Neuanfang in biologischer Baumkunst wagte in den zwanziger Jahren Arthur Wiechula. Sein Buch «Wachsende Häuser aus lebenden Bäumen entstehend» ist voller präziser Zeichnungen von Wohnhäusern, Schulen bis hin zu Fabriken aus lebenden Bäumen. Der Naturbau-Ingenieur aus Berlin schreibt im Vor-

wort: «Die Natur hat noch unendlich viel mehr zu vergeben als wir bisher von ihr in Anspruch nehmen.»
Sein Buch und seine Ideen geraten schnell in Vergessenheit, so dass sich schon 30 Jahre später (1958) der Wiener Maler Friedensreich Hundertwasser wieder genötigt sieht, den Architekten die Leviten zu lesen und mit seinem Verschimmelungsmanifest (1958) eine lebendige Architektur einzufordern.
Seit den siebziger Jahren nennt sich der Architekt Rudolf Doernach Biotekt; gleichzeitig mit Frei Otto kämpft er vehement für eine natürlichere Architektur. Als unermüdlicher Ideenproduzent und Autor vieler Publikationen und Bücher gründet Rudolf Doernach im Schwarzwald den Forschungspark «Bioversity», von wo seither wertvolle Anregungen und Visionen für eine biologische Zukunft des Bauens ausgehen. (Siehe auch Seite 124.)
In der Nachfolge von Arthur Wiechula, Frei Otto und Rudolf Doernach und

Baumwerkhaus von Rudolf Doernach

begeistert von den vielschichtigen ökologischen, konstruktiven wie auch sozialen Perspektiven der Lebendbauweise, besannen auch wir von den «Sanften Strukturen» uns dieses «atlantischen» Traums und zogen zu Beginn der achtziger Jahre von der Stadt aufs Land, wo wir im «Atelier im Wald 7» direkt vor der Haustür die verschiedensten Stecklinge nach unseren Formwünschen wachsen lassen konnten. Der entscheidende Sprung in weiterführende und anspruchsvollere Konstruktionen gelang uns durch die Beschäftigung mit der Schilfbündelbauweise Mesopotamiens und der Übertragung dieser Bündeltechnik auf den Rutenbau (siehe «Rock'n'Roll der Architektur», 1990). Durch das Bündeln der einzelnen Ruten zu dicken Stützen, Säulen, Trägern und Bögen werden erstmals Rutenkonstruktionen denkbar, die in Dimension und Tragverhalten grosse Räume, lebende Paläste und grüne Kathedralen möglich machen.
In den USA trat Richard Charles Reames in die Fußstapfen des Stühlepflanzers Krubsack und des Baumgestalter Erlandson und gründete in Williams, Oregon, (1982) die Arborsmith Studios, wo er auch wieder Bäume pflanzt, formt und pfropft und sie zu Kunst, Architektur und Möbeln erwachsen lässt.
Als konstruktive und gartenbaukünstlerische Antwort auf die breite Ökologie- und Umweltdiskussion gelang den

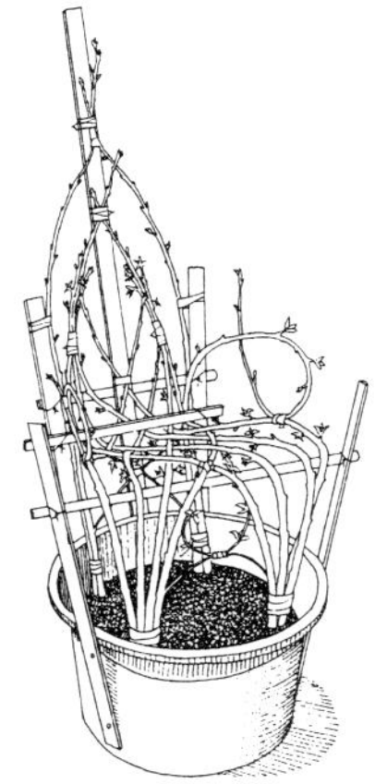

Reames Stuhl im Blumentopf

gepflanzten und geleiteten Baumwerken zu Beginn der neunziger Jahre – wie Samen vom Springkraut – der Sprung aus den Experimentierfeldern der «Spinner» in private und öffentliche Gärten, auf Spielplätze und Schulhöfe. Meist gepflanzt und konzipiert von Architekten, Künstlern und Lehrern als Betreuer und Mitarbeiter von Eltern, Schülern und verschiedensten Selbthilfegruppen. Seit Beginn dieses Naturbaubooms wachsen nach neuesten Schätzungen über 10 000 lebende Weidenwerke in ihre unvorhersehbare Baumform.
Die Faszination dieser Lebendbauweise hat nun auch viele namhafte Architekten befruchtet. So den Architekten und bekannten Comics-Zeichner Luc Schuiten aus Belgien mit seinen Zeichnungen wachsender Stadtraumstrukturen oder den polnischen Architekten Konrad Chmielewski mit der neuesten Version einer wachsenden Kathedrale.

Die vielen Beispiele in diesem Buch dokumentieren die Anfänge der neuen Lebendbaubewegung in Deutschland und der Schweiz, und wir erwarten eine kreative und verspielte Weiterentwicklung dieser populären Baukunst.
Die Gruppe «Sanfte Strukturen» (Marcel Kalberer, Dorothea Kalberer-Brenek, Eugen Lüdi, Bernadette Mercx) und 300 freiwillige MitarbeiterInnen aus ganz Europa schufen im Frühjahr 1998 mit dem Auerworldpalast in Auerstedt das bis anhin weltweit grösste Lebendbauwerk. 800 Jahre, nachdem die ersten Kathedralen wie Naturimitate aus dem Boden wuchsen, und 100 Jahre nach dem Jugendstil, dem Spiel mit den pflanzlichen Formen, wird nun im Lebendbau die gestalterische Intelligenz und Schönheit der Pflanzenwelt direkt zur architektonischen Wirklichkeit.

Chmielewskis Kathedrale

Traumbaum und Baumboom

Ein Fax-Pingpong zwischen Marcel Kalberer und Rudolf Doernach

Marcel Kalberer: Lieber Rudolf, gerne möchte ich mit dir über die Zukunft der lebenden Architektur reden. Wenn nun, auch aufgrund deiner biotektonischen Anregungen, ein richtiger Weidenbauboom stattfindet mit zigtausenden von Weidenbaumwerken in Kindergärten, Schulhöfen und privaten Gärten und wir dieses Jahr mit dem Auerworldpalast nachweisen konnten, dass auch grosse Architekturen möglich sind, so möchte ich gerne wissen, welche Perspektiven du für diese populäre Baubewegung voraussiehst?

Rudolf Doernach: Das ist viel mehr als eine Baubewegung. Das ist Aufbruch in das bio-logische Jahrtausend. Auch Kinder werden Forscher und Bioniere: Der «Homo ludens» wird Wirklichkeit! Erwachsene Kinder künden von lebendiger Willenschaft für eine zukünftige Freizeitkultur, die in Thermo-Solar-Kleidung mit Handy unter fruchtenden Bäumen lebt. «Richtige Architektur» ist zukünftig – das sind die neuen Regeln der Kunst – also bioproduktives, dann lebendes Ambiente, das auch Freibeit beschert: menschenwürdiges Arbeitsleben im Freien, als Freier von Natur ... Abschied von tonnenschweren Gefängnissen ... kurz: Biohaus satt Bauhaus: All das ist seit Jahren globale Aktion und beileibe nicht alles neu. Dazu gesellen sich jetzt auch neue Schlüsselerkenntnisse aus der Biogenetik, z.B., dass der Baum ein höchstwertiges Genom hat, weil er kein Problemflüchter ist wie der industrielle Produktmensch, der alle Probleme nur ausserhalb von sich selbst (exogen) lösen will. Pflanzen leben mit Problemen. Wer keine Probleme hat, hat das grösste Problem. Kurz: Der Mensch, will er überleben, muss Pflanzenfreund und Biotektur-Gärtner werden. Kinder lernen das am besten. Pflanzen sind die Lehrer im Natur-Kindergarten, im Naturhaus, in der vertikalen Natur-Wirtschaft Bioville, der mehrgeschossigen Pflanzenstadt.

Marcel Kalberer: Die Zukunft, in die wir hineinschlittern, sieht sehr wohl nach einer biologischen aus, aber leider nicht nach einer natürlichen, sondern nach einer bio-technologischen. Noch vehementer, als wir uns um das sanfte Zusammenspiel von Mensch und Natur bemühen, arbeiten die Biogenetiker an einer Umwandlung derselben, und so wird aus unserem Traum einer «atlantischen Bioville» – wo das Bauhaus im Baumhaus seine Vollendung findet – die Bio-Gentech-Ville.

Rudolf Doernach: Solche selbstvernichtende Termitopolis mit 40 Millionen Kastraten haben wir schon. Daran können die Gen-Goliaths bestenfalls ein bisschen parasitieren. Aber die vielen kleinen Davids haben gegen die weißen Riesen immer eine Chance. Das «Kulturspiel» (EpiGenetics) mit ElektroPolis - MobiloPolis - ChemoPolis - TeloPolis - Ökopolis – GenetoPolis ... Bioville ist eröffnet.

50% von 6 Milliarden Menschen auf diesem Planeten leben/arbeiten/schlafen

mindestens 50% ihrer Zeit schon immer unter pflanzlichen Dächern. Vom Niedrigenergiehaus läuft die Entwicklung über das Nullenergiehaus längst zum bioproduktiven Plus-Energie-Ambiente. Sicher ein Jahrtausendspiel, aber Liebhabern schlägt keine Betonstunde. Wir spielen hier bei den Bio-Produktiven mit, weil das die größte Herausforderung ist. Die Besten der nächsten Generationen werden «Living Systems» erforschen. Von mir aus darf es aber auch Höhlenmenschen geben und menschliche Atrappen, die sich in Automatenhäusern herumschubsen lassen – also Virtualisten mit Digitalanzeige, ob sie noch leben, mit elektronischem Heilschmuck aus Pforzheim und ca. 50 weiteren Techno-Prothesen, z.B. HandyFaxOnanometer usw.
Fazit: High Bio war schon immer Biotopie für die Majorität des Lebendigen (Epi-Genetic Coevolution), und High Tech ist längst Utopie, also Niemandsland, für nur 10% der «ersten» Welt – also der letzten, frei nach der Bibel. Wer da sicher gehen will, der beobachte die Insassen der Genfabriken beim Entweichen aus ihren Glaskäfigen. Die Gesichter sagen alles.

Marcel Kalberer: Wenn du noch mehr stumpfe und leere Gesichter sehen willst, die findest du auch im nächstliegenden Naturkostladen. Nicht «außerhalb» (exogen) die Probleme lösen, hast du geschrieben, also betrachten wir die unseren («oxygen»). Auffällig ist, dass sich das Bauen mit lebenden Weiden auf den deutschen Sprachraum begrenzt. Surfereien im Internet zeigten mir, dass dieser hier so populäre Weidenbau weder in den angelsächsischen und lateinischen Ländern noch in Japan bekannt ist, obwohl es ja auch dort überall Weiden gibt. In diesem Bereich sind wir demnach Bioniere. Wird es auch anderswo fruchten? Oder ist dieses Zusammenspiel von Mensch und Baum ein spezieller Ausdruck von uns baum- und waldnärrischen Germanen?

Rudolf Doernach: Die berühmte Krainerwand (Weidenstecklinge) gibt es seit Urzeiten. Das Schlüsselbuch für Deichbefestigung hieß auch schon «Lebendbau». Eggmann/Steiner schrieben das Kultbuch «Baumzeit», mein Buch «Naturwerkstatt» berichtete z.B. über Australier, die mit zweigeschossigen Pappelhäusern und lebenden, essbaren Weidezäunen experimentieren. Den geflochtenen oder gestifteten Imkerzaun gab es als Wildschutz, Bienenweide, Vogelhabitat, Windschutz schon vor über tausend Jahren. Am Bodensee soll es sogar gepflanzte Wasserhäuser gegeben haben, so die Unterwasserarchäologen.
Weide, Hasel, Pappel, Erle, Eukalyptus u.a.m., seit einiger Zeit forschen wir damit auch an sogenannten Stammhäu-

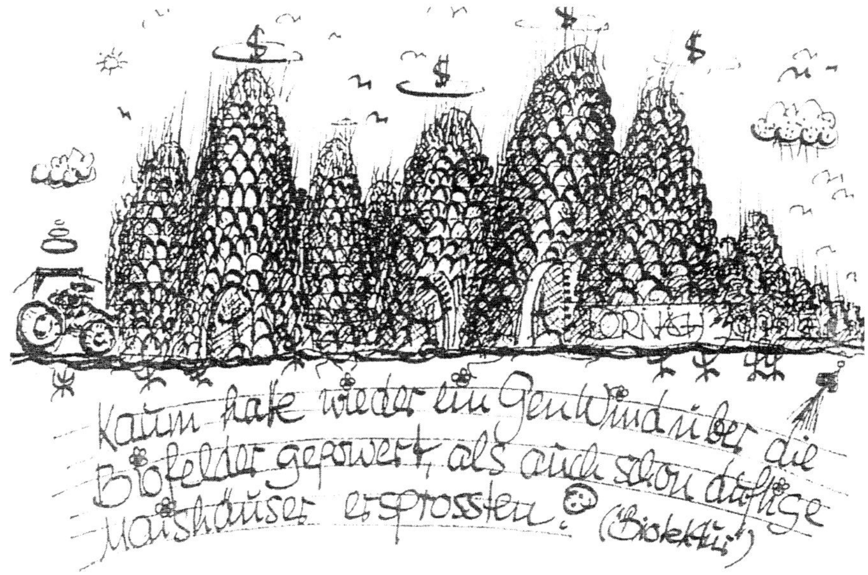

sern, wo präkultivierte Stammabschnitte mit ca. 30 cm Dicke, dicht nebeneinander auf beliebigem Grundriss als Wand und Dach lebend gepflanzt werden, also weiterwachsen und bio-produzieren, z.B. Sauerstoff, Brennholz und Bio-Energie (quasi als Bio-Meiler ohne Rauch), als Abwärme, auch im Winter. Die lebende Zelle nimmt auch dann Solarenergie auf, verbraucht einen Teil für die eigene Homöostase, ein anderer Teil wird an die Umwelt abgegeben: Die berühmte Waldwärme! Solche bio-intelligenten Häuser verdauen auch Reststoffe des Menschen für ihren Aufbau, ebenso das CO_2 von Tieren und Menschen.
... und dann ist da noch die armierende Quecke, der historische Grasziegel an den wohl 200 Jahre alten Biotekturen. Auch die vielen Brombeerhäuser sind Mitglieder der grossen Lebendbaufamilie, ebenso die Schönsten der Schönen, die französischen Rosenhäuser und Wandelgänge, die vielen Ur-Lauben in der Ostschweiz, die Hainbuchenhäuser in der Eiffel ... Lange vor den Ger-manen (deutsch: Spiess-Männer) waren die Kelten begabte Biotekten von Grasdächern und bioproduktiven, heizenden, bewachsenen Torfwänden in Irland und Island. Weiterer Naturbau ohne Manipulation: Efeuwände (auf Netzen) als Wassersammler und sogar als Trinkwasserbrunnen sind ein Forschungsthema, schließlich ist sogar Biotekturkleidung wieder in Entwicklung. Die Norweger hatten schon vor über 1000 Jahren Hosen aus Birkenrinde, selbige diente auch, abgeschält, als Dachschindel unter Moos: heute die ältesten Dächer der Welt, zu sehen in Oslo.
Wir sollten auch noch das anstehende

Problem der Akademisierung von bioproduktivem Lebendbau diskutieren. Ich werde seit Jahren von Doktoranden malträtiert, die noch schlimmer aus der Wäsche kümmern als die Bioländner. Bioversitäten brauchen wir nicht zu grün(d)en, weil es die schon immer gab: Überall wo Sonne, Regen und Erde heiraten. Aber vielleicht sollten wir den alternativen Zobelpreis ausloben und jedes Jahr auf dem Zürichsee feuern?

Marcel Kalberer: Lebendbau ist nichts Neues. Um dies deutlich zu machen, habe ich auch die Chronik der lebendigen Architektur, dieser uralten «atlantischen Baumkunst» verfasst, und du hast sie noch um einige interessante Beispiele angereichert.
Zurück zur Frage nach der neuen Qualität des aktuellen Weidenbaubooms. Mir scheint doch bemerkenswert, dass erstmals eine populäre und kreative Freizeitbewegung positiv auf eine aktuelle ökologische Forderung antwortet (vgl. Seite 50, Joe Engelhard zur ökologischen Dimension des Weidenbaus).

Rudolf Doernach: Die Biotekturwelle mit den Weidenstecklingen läuft so schön, weil es super einfach ist und weil das lebende Baumaterial so wenig kostet. Es braucht eben «nur» Spieltrieb und Willenschaft zum Leben im Naturklima. Jedenfalls: Wege von Steinzeit über Stahlzeit nach Grünzeit sind gangbar. Sicher ist: Das Thema «Häuser wachsen lassen» macht die geistig Jungen zu «Zauberlehrlingen» für Bio-logik im guten Sinne. Ich selbst steckte 1963 eine Weidenrute in einen Lichtschacht. Im nächsten Jahr war's schon ein Bäumchen, aus dem in der Folge viele Weidenhäuschen entstanden. Die Kritiker höhnen: «Pflanzen wider ihre Wuchsgesetze verbiegen ... Frankenstein lässt grüssen ... Bonsai-Folter ...» Diese Hocklinge wollen grundsätzlich alles, was die Frei-heit reicht, domestizieren, einfach weil sie nicht wahrhaben wollen, dass High-Bio-Grünzeit, not-wendige Folge von High-Tech-Robotik, biomatische Freizeit werden muss. Es gibt in «Green is beautiful» seit 1972 eine Systematik, die weit über 100 Varianten von Lebendbau ausweist: ko-evolutionäres, sanftes, natürliches Ambientespiel der Zukunft bis hin zur Polykultur des Wohnwaldes Bioville. Wir sollten davon viele Arbeitsmodelle wachsen lassen, sie selbst auch probewohnen und öffentlich diskutieren. In der Zwischenzeit dürfen sich die Betonisten und Krawattisten über unsere «Smiling Nature Culture» und das allerschönste aller Leitbilder: «La verdad es verde» oder «La maison qui rit» oder «Bio capitalismo» wundern.

Adressen der Autoren, von Weidenbaufachleuten, Veranstaltern und Initiativen

Sanfte Strukturen
Marcel Kalberer,
Dorothea Kalberer-Brenek
Im Wald 7
D-88634 Herdwangen-Heggelbach
Fax: 07557-8868
E-mail: marcel.kalberer@t-online.de
www.sanftestrukturen.de

BBZ – Biobauzentrum/Die Baustelle
Eugen Lüdi, Bernadette Mercx
St. Urbanstr. 34
CH-4900 Langenthal
Fax: 062-9224720
E-mail: eugen.luedi@spectraweb.ch
bdette@web.de

Projekt Auerworldpalast,
Weimar 99/Expo 2000:
Förderverein Auerstedt
Micky Remann, Horst Machts
Wunderwaldstr. 2
D-99518 Bad Sulza
Fax: 036461-92886
E-mail: lquidsound@aol.com
www.auerworld.de
www.liquid-sound.com

Projekt Schule 2000, Weidenarena,
Berlin, Expo 2000:
Grün macht Schule
Georg Coenen, Othrud Kuhl,
Bernhard Fliss
Siegfriedstr. 208-210
D-10365 Berlin Lichtenberg
Fax: 030-5597123
E-mail: gruenmachtschule@web.de

Projekt Aus Hecken werden Häuser,
Bonn, Expo 2000:
Deutscher Werkbund NW
Regionalgruppe Bonn/Köln
Walfried Pohl, Luzia Mayer
Kurfürstenstr. 38
D-53115 Bonn
Fax: 0228-2422365
www.naturfreundejugend.de

Kulturpark Deutzen
Pro Regio e.V.
Andrea Wagner
Arno-Bahndorf-Str. 12
D-04574 Deutzen
Fax: 03433-905444

Bagage e.V.
Pädagogische Ideenwerkstatt
Udo Lange, Peter Rist, Thomas
Stadelmann
Habsburgerstr. 9
D-79104 Freiburg
Fax: 0761-52129
E-mail: bagage@bagage.de
www.bagage.de

Spielehaus Richtersche Villa e.V.
Reinhard Scholtes
Schwarzburger Chaussee 74
D-07407 Rudolstadt
Fax: 03672-411451

Info Spiel e.V.
Peter Hohenauer
Dokumentations- und Informationsdienst für das Spielen im öffentlichen Raum
Schellingstr. 19
D-80799 München
Fax: 089-285090

Pädagogische Aktion
PA-Spielkultur e.V.
Wolfgang Zacharias, Haimo Liebich
Reichenbachstr. 12
D-80469 München
Fax: 089-268575
E-mail: spielkultur@pask.musin.de
www.pask.musin.de

Die Werkstatt 28
GmbH
Ulrike Kalb, Bernhard Hoppe
Postfach 102325
D-69013 Heidelberg
Fax: 06221-835385
E-mail: die werkstatt@t-online.de

Natur-Kinder-Garten-Werkstatt
Jrmgard Kusch, Brigitte Walden
Dornerweg 4
D-51580 Reichshof
Fax: 02261-52221

Sozialer Arbeitskreis SAK e.V.
Herbert Sitterle
Burghof
D-79539 Lörrach
Fax: 07621-169397

Naturgarten e.V.
Reinhard Witt
Postfach 430906
D-80739 München
Fax: 089-7900544

Arborsmith Studios
Richard Reames
1607 Cave Camp Road
USA-97544 Williams, Oregon
www.arborsmith.com

Berufsfachschule für Korbflechterei
Alfred Schneider
D-96215 Lichtenfels

Mama Jah
Philippe Rohner
5, chemin de la Batie
CH-1213 Petit-Lancy
Fax: 025-7761358

Sfinks animatie
Patrick de Groote
Jan Frans Willemsstraat 10
B-2530 Boechout
Fax: 03-4541162
E-mail: pdegroote@sfinks.be
www.sfinks.be

Jürgen Schablow
Baukunst
De Beuckerstraat 37
B-2018 Antwerpen

Biotekturinstitut
Rudolf Doernach
D-72218 Wildberg 4
Fax: 07054-1056

Büro für angewandte Ökologie
Joe Engelhardt
Am Bahnhof 1
D-84140 Gangkofen
Fax: 08722-94022
E-mail: Joe.Engelhardt@t-online.de

Wolfgang Zaumseil
Baukunst
Leibnizstr. 53
D-70193 Stuttgart
Fax: 0711-650293

Thorsten Ritter
Brühl 12
D-99423 Weimar

Peter Sturm
Flechtatelier
D-88630 Aach-Linz
Fax: 07552-40133

Carlotta Brunetti, Julia Lohmann
Atelier
Katzbachstr. 19
D-10965 Berlin
Fax: 030-78991107

Konstantin Kirsch
Westfalenstr. 23
D-34131 Kassel
Fax: 0561-3160587
konstantin.kirsch@t-online.de
www.visionlife.de

AG Lebendiges Bauen
Jörg Kaspari
Schöndorferstr. 33
D-54292 Trier
Fax: 0651-140225

Ökologie und Spielpädagogik
Stefan Klaner
Salzstr. 3
A-4212 Neumarkt
Fax: 079-84144

Büro für Spielräume
Günter G. Weiskopf
Hofsteigstr. 38
A-6922 Wolfurt
Fax: 05574-72597

Toni Anderfuhren
Spielträumer
Im Eggli
CH-8494 Bauma
Fax: 052-3861357

Robert Holenweger
Zurzachstr. 107
CH-5200 Brugg
rho@pop.agri.ch
www.roebens.ch

Therese Vögtlin
Spiel + Kunst
Berligstr. 3
CH-9621 Oberhelfenschwil

Luc Chuiten
Architecte
83a, Av. Huart Hamoir
B-1030 Bruxelles
Fax: 0032-22160639

Konrad Chmielewski
Architekci
ul. Kozia 9/19
PL-00070 Warschau
Fax: 022-6695803

Braun, Bettina und Konold, Werner: Kopfweiden. Kulturgeschichte und Bedeutung der Kopfweiden in Südwestdeutschland. Verlag Regionalkultur, Ubstadt-Weiher 1998

Björn, S.: Übersicht der vorteilhaftesten Behandlung und Benutzung der preußischen Weidenarten, 1804

Conrad, R.: Pflege von Kopfbäumen zur Erhaltung geschützter und seltener Organismen in Ostthüringen. Museum für Naturkunde, Gera 1988

Degenhardt, U.: Baumgiganten Thüringens. Fortschritt, Erfurt 1992

Doernach, Rudolf und Heid, Gerd: Das Naturhaus. Krüger/Fischer, Frankfurt 1982

Doernach, R.: Naturwerkstatt. Krüger/Fischer, Frankfurt 1985
Pflanzenhäuser. Altstätten 1987
Handbuch für bessere Zeiten. Klett-Cotta, Stuttgart 1983
(alle zu beziehen beim Autor)

Hohenauer, Peter: Spielplatzgestaltung – naturnah und kindgerecht. Bauverlag, Wiesbaden 1995

Johnson, Hugh: Bäume. Pawlak, Herrsching 1987

Kalberer, Marcel: Sanfte Strukturen Nr. 1–5:
Kinderleichtes Bauen (1). Universität Stuttgart 1979
Kunst-Bauen-Leben (2). Überlingen 1984
Rock 'n' Roll der Architektur (3). Grüner Zweig 140, Löhrbach 1990
Ethno Zapp Bau Boom (4). Grüner Zweig 184, Löhrbach 1996
Handbuch für Naturbaustellen (5). Grüner Zweig 185, Löhrbach 1996
(alle zu beziehen beim Autor)

Kirsch, Konstantin: Naturbauten aus lebenden Gehölzen. OLV, Xanten 1996

Krahe, J. A.: Lehrbuch der rationellen Korbweidenkultur. Barth, Aachen 1897

Kronfeld, E. M.: Volkstümliches von der Weide. Mitteilungen der deutschen Dendrologischen Gesellschaft 34. Berlin 1924

Lange, Udo und Stadelmann, Thomas: Spielplatz ist überall – lebendige Erfahrungswelten. Herder, Freiburg 1996

Le Roy, Louis: Natur ausschalten – Natur einschalten. Klett-Cotta, Stuttgart 1983

Otto, Frei und Rasch, Bodo: Gestalt finden. Axel Menges, München 1995

Pinckert, F. A.: Die Korbweide. Die Band-, Kopf- und Buschweide, Berlin 1862

Pohl, Walfried: Hecken – eine Form des Designs mit lebenden Systemen. Kunst Konkret Nr. 1, St. Johann 1995

Remann, Micky: Der Globaltrottel. Who is who in Kathmandu und andere Geschichten aus dem Überall. Grüner Zweig 177, 4. Auflage 1995
Solar Perplexus. Achterbahn für die Neunziger. Grüner Zweig 112, 1989
Ozeandertaler. Grüner Zweig 174, Löhrbach 1995
(alle zu beziehen bei MedienXperimente, 69488 Löhrbach)

Rudofsky, Bernhard: Architecture without architects. Doubleday, New York 1964

Schärli, Otto: Werkstatt des Lebens – durch die Sinne zum Sinn. AT Verlag Aarau 1991

Schlüter, U.: Laubgehölze – Ingenieurbiologische Einsatzmöglichkeiten. Berlin 1990

Staudt, Erich: Kopfweiden – Herkunft, Nutzung, Pflege. Mercator Verlag, Köln 1991

Voellmy, Louis und Wettstein, Felix: Schulgelände beleben und gestalten. Verlag Pro Juventute, Zürich 1992

Wiechula, Arthur: Wachsende Häuser aus lebenden Bäumen entstehend. Verlag Naturbau-Gesellschaft, Berlin 1925
Wie baue ich mir selbst? Lebende Holzhäuser, Berlin 1927. Neuauflage bei: Packpapier Verlag, Osnabrück 1995

Witt, Reinhard: Naturoase Wildgarten – Überlebensraum für unsere Pflanzen und Tiere. BLV Verlagsgesellschaft, München 1992
Wildsträucher in Natur und Garten. Frankh-Kosmos, Stuttgart 1993

Zacharias, Wolfgang: Sinnenreich. Klartext Verlag, Essen 1994
Zur Ökologie des Spiels. PA Spielkultur, München 1985

Broschüren

Bagage e.V. Freiburg: Pausenhöfe machen Schule. Vigelius-Schule, Freiburg 1994
- Naturhäuser, Flechtzäune und Laubengänge. Neuenburg 1995
- Ein Garten für Kinder. Neulussheim 1997
- Freiräume und Kinderträume – über die Zukunft der Spielplätze. Katalog zur Wanderausstellung, Freiburg 1997

(alle zu beziehen bei Bagage e.V.)

Grün macht Schule, Berlin: Lebende Hütten und wachsender Zaun. Berlin 1994
- Vom Schulhof zum Spielhof, Symposiumsbericht, Berlin 1994
- Wovon Kinder träumen. Freilandlabor Britz e.V., Berlin 1995
- Das Troja-Projekt. Schliemann-Grundschule, Berlin 1997
- Freiraum für die Zukunft, Berlin 1998

(alle zu beziehen bei Grün macht Schule)

Die Werkstatt gGmbH, Heidelberg: Spielplätze der eigenen Art. München 1993
- 15 Jahre Spielräume der eigenen Art. Heidelberg 1998

(alle zu beziehen bei Werkstatt gGmbH)

Naturschutzzentrum Nordrhein-Westf.: Natur-Spiel-Räume für Kinder, Hamm 1994
- Natur-Werkstatt für Kinder, Recklinghausen 1997

Förderverein Auerstedt e.V.: Herzlich willkommen im Auerworldpalast. Richtfestbroschüre, Auerstedt 1998

Toni Anderfuhren (Uster, Schweiz) S. 98
Ulrich Berhardt (Stuttgart) S. 74, 75
Raul Böhm (Bad Sulza) S. 8, 10, 11, 13, 43, 50, 51, 52, 119
Carlotta Brunetti (Berlin) S. 40, 41
Georg Coenen (Berlin) S. 26, 27
Rudolf Doernach (Wildberg) S. 37
Bernhard Fliss (Berlin) S. 65, 100
Gabriele Gollnow (Berlin) Umschlagrückseite: kleines Bild sowie S. 70, 116, 117
Peter Hohenauer (München) S.18
Robert Holenweger (Brugg, Schweiz) S. 19, 34, 35
Jörg Kaspari (Höxter) S. 54, 55
Konstantin Kirsch (Kassel) S. 32
Udo Lange (Freiburg) Umschlagvorderseite: kleines Bild unten sowie S. 26, 27, 64, 86
Birgit Lehmann (Frankfurt) S. 6
Eugen Lüdi (Langenthal, Schweiz) S. 36, 115
Walfried Pohl (Bonn) S. 43, 81
Philippe Rohner (Genf) S. 112, 113, 114, 115
Gordon Schmidt (Weimar) S. 106, 107
Reinhard Scholtes (Rudolstadt) S. 37
Christian Steurer (Karlsruhe) S. 8
Peter Sturm (Aach-Linz) Umschlagvorderseite: kleines Bild oben sowie S. 28, 29, 46
Therese Vögtlin (Oberhelfenschwil, Schweiz) S. 56, 57
Dieter Zinn (Hamburg) S. 44, 111
Alle anderen Fotos, einschliesslich der grossen Bilder auf der Umschlagvorder- und -rückseite, sind von Marcel Kalberer (Herdwangen).

Zeichnungen von:
Konrad Chmielewski (Warschau) S. 123
Rudolf Doernach (Wildberg) S. 123, 124, 125, 126
Susanna Feldmann (Kassel) S. 33
Arthur Wiechula (Berlin) S. 31, 123
Alle anderen Zeichnungen sind von Marcel Kalberer (Herdwangen).